WOHLSTANDS-PARAMETER

Die Balance zwischen materiellem Reichtum und immateriellen Werten

Nino Castaldo

Text: Nino Castaldo
Bildquellen: Selfmade CAS
Covergestaltung: LC Media Solution GbR
Umschlagabbildung: LC Media Solution GbR
Satz und Layout: Verlagshaus Schlosser
ISBN 978-3-7581-0128-1

Druck: Verlagsgruppe Verlagshaus Schlosser • Inhaber Florian Ebering
Geltinger Straße 21 • D-85652 Pliening
verleger@verlagshaus-schlosser.de • www.schlosser-verlagshaus.de

Printed in Germany

INHALTSVERZEICHNIS

VORWORT

Wohlstand ist als Begriff in unserer modernen Gesellschaft allgegenwärtig, bringt gleichzeitig allerdings tiefere, vielseitige Bedeutungen und Assoziationen mit sich. Oftmals verbinden wir Wohlstand mit materiellen Aspekten wie finanziellem Reichtum, wirtschaftlicher Sicherheit und einem hohen sozialen Status. Diese Vorstellungen werden durch Medien, Werbung und gesellschaftliche Normen geprägt, die wirtschaftlichen Erfolg als das ultimative Ziel und Maß für Erfolg und Glück darstellen. Doch lässt sich das komplexe Konzept des Wohlstands wirklich nur auf wirtschaftliche Indikatoren reduzieren?

Um Wohlstand in seiner wahren Tiefe zu verstehen, müssen wir über das Offensichtliche hinausblicken und ihn in seiner gesamten Vielschichtigkeit betrachten. Wohlstand umfasst weit mehr als nur finanzielle oder materielle Ressourcen. Er beinhaltet zahlreiche immaterielle Faktoren, die unser persönliches Wohlbefinden, aber auch das Wohl der Gesellschaft beeinflussen. Diese sind von entscheidender Bedeutung, um den Wohlstand in seiner vollen Dimension zu begreifen und seine Auswirkungen auf das individuelle und kollektive Leben zu erkennen. In einer Welt, in der wirtschaftlicher Erfolg zunehmend über zwischenmenschliche Beziehungen, ethische Prinzipien und soziale Verantwortung gestellt wird, ist es an der Zeit, Wohlstand neu zu definieren. Es gilt ebenso, uns zu fragen, wie wir Wohlstand in Einklang mit den wahren Bedürfnissen des Menschen und der Gesellschaft bringen können.

Dieses Buch lädt Sie zu einer Reise ein – einer Reise durch die facettenreiche Landschaft des Wohlstands. Es ist eine Einladung, die verschiedenen Dimensionen von Wohlstand zu erkunden und zu verstehen, dass wahre Lebensqualität nicht nur durch das Anhäufen materieller Güter erlangt wird. Wir werden sowohl die sichtbaren, messbaren Indikatoren als auch die unsichtbaren Werte untersuchen, die Wohlstand und Lebensqualität auf entscheidende Weise prägen. Diese Reise geht über den rein ökonomischen Blickwinkel hinaus und fordert uns heraus, tief in die Konzepte und Überzeugungen einzutauchen, die unser Verständnis von Wohlstand formen.

Den Anfang dieser Reise markiert eine grundlegende Frage, die in ihrer Einfachheit eine erstaunliche Komplexität birgt: Was ist Wohlstand?

Diese Frage ist nicht nur eine theoretische Überlegung, sondern eine tiefe Auseinandersetzung mit unserer sozialen und kulturellen Wahrnehmung von Wohlstand, seiner historischen Entwicklung und den gesellschaftlichen sowie wirtschaftlichen Kräften, die ihn geprägt haben. Wie hat sich unser Verständnis von Wohlstand über die Jahrhunderte hinweg verändert? Welche kulturellen und philosophischen Strömungen haben unser heutiges Bild von Wohlstand beeinflusst? Welche Rolle spielt Wohlstand in der westlichen Gesellschaft und wie messen wir ihm heute Bedeutung bei? Diese und viele andere Fragen begleiten uns durch das gesamte Buch und regen dazu an, die eigenen Überzeugungen zu hinterfragen und neu zu überdenken. Ein zentraler Aspekt, den wir eingehend betrachten werden, ist der materielle Wohlstand und seine Grenzen. Wirtschaftlicher Erfolg und finanzielle Sicherheit sind zweifellos wichtige Bestandteile des Wohlstands, doch sie allein reichen nicht aus, um sein wahres Wesen zu erfassen. Der einseitige Fokus auf materielle Werte hat in vielen Gesellschaften dazu geführt, dass individuelle Ambitionen und Konkurrenzdenken dominieren, während der soziale Zusammenhalt und die Förderung zwischenmenschlicher Werte oftmals in den Hintergrund rücken. Welche Auswirkungen hat diese Entwicklung auf das menschliche Miteinander? Wie beeinflusst sie unsere Beziehungen, unser gemeinschaftliches Leben und unser Verständnis von Solidarität und Verantwortung? Wir werden diese Fragen eingehend ergründen und einen tieferen Blick darauf werfen, warum Empathie, Mitgefühl und soziale Verantwortung essenzielle Komponenten eines umfassenden Wohlstandsverständnisses sind.

Ein weiterer entscheidender Faktor im Verständnis von Wohlstand ist die Gesundheit. Gesundheit ist nicht nur das Fehlen von Krankheit. Sie ist ein ganzheitlicher Zustand des körperlichen, geistigen und sozialen Wohlbefindens. Ohne diese Basis verlieren selbst die größten materiellen Reichtümer ihre Bedeutung. Gesundheit bildet das Fundament für ein erfülltes Leben und ist als Wohlstandsparameter von unermesslichem Wert. Wir werden im Detail untersuchen, warum Gesundheit als höchste Priorität betrachtet werden sollte und wie sie sich als unverzichtbare Grundlage für alles andere im Leben darstellt.

Auch Bildung spielt eine zentrale Rolle bei der Definition von Wohlstand. Sie eröffnet uns die Möglichkeit zur Weiterentwicklung, zur Entfaltung von Potenzialen und zur aktiven Teilnahme am gesellschaftlichen Leben. Sie ist ein Schlüssel zu sozialer Mobilität und wirtschaftlichem Erfolg. Von Bildung profitiert nicht nur das Individuum, sondern sie ist auch ein wichtiger Baustein für den Fortschritt und Wohlstand einer Gesellschaft. In einer zunehmend globalisierten Welt, in der der Zugang zu Wissen über den Erfolg eines Einzelnen und einer ganzen Gesellschaft entscheiden kann, wird der Wert von Bildung und Zugang zu Wissen immer deutlicher. Wir werden die transformative Kraft der Bildung bei der Schaffung von Wohlstand eingehend untersuchen.

Ebenso von großer Bedeutung ist der Zustand der Umwelt. Eine intakte und gesunde Umwelt ist die Voraussetzung für nachhaltigen Wohlstand. Der Schutz natürlicher Ressourcen, die Bekämpfung des Klimawandels und die Förderung von nachhaltiger Entwicklung sind nicht nur ethische Verpflichtungen, sondern auch essenzielle Notwendigkeiten für die Zukunft der Menschheit. Wir werden uns mit den Herausforderungen durch Ressourcenverschwendung, Umweltverschmutzung und Klimawandel auseinandersetzen und die Bedeutung von Nachhaltigkeit für die Sicherung von Wohlstand und Lebensqualität betonen. Eine nachhaltige Zukunft ist nicht nur wünschenswert, sondern unumgänglich.

Neben den materiellen und ökologischen Aspekten spielen auch kulturelle und gesellschaftliche Werte eine entscheidende Rolle in der Definition von Wohlstand. Respekt, Verantwortung, Solidarität und Mitgefühl bilden unter anderem das Fundament einer gerechten und wohlhabenden Gesellschaft. In einer Zeit, in der diese Werte zunehmend unter Druck geraten, ist es von zentraler Bedeutung, ihre Relevanz für den sozialen Zusammenhalt und das kollektive Wohl zu erkennen und zu fördern. Der Verlust von immateriellen Werten kann nicht nur zu sozialen Spannungen führen, sondern auch die Stabilität und den sozialen Frieden gefährden.

Nicht zuletzt beeinflusst die Qualität unserer zwischenmenschlichen Beziehungen maßgeblich unser Wohlstandsempfinden. Freundschaft, Familie, Gemeinschaft und Nachbarschaft sind von unschätzbarem Wert und tragen wesentlich zu einem erfüllten Leben bei. Wohlstand lässt sich eben nicht nur an materiellen Errungenschaften messen. Vielmehr zeigt er sich in der Art und Weise, wie wir miteinander umgehen, wie wir Beziehungen pflegen und wie wir füreinander da sind. Ein wirklich wohlhabendes Leben wird nicht nur durch äußere Besitztümer geprägt, sondern auch durch die Qualität und Tiefe der zwischenmenschlichen Verbindungen, die wir eingehen.

Diese Reise durch das Thema Wohlstand eröffnet neue Perspektiven und Denkanstöße, die weit über die traditionelle Definition hinausgehen. Indem wir das Konzept des Wohlstands in seiner gesamten Komplexität betrachten, hoffen wir, ein neues Verständnis für ein erfülltes und nachhaltiges Leben zu schaffen – ein Wohlstand, der die verschiedenen Dimensionen des menschlichen Lebens berührt. Ein Wohlstand, der im Einklang mit sozialen, ökologischen und persönlichen Werten steht und zu einer gerechten, solidarischen und zukunftsfähigen Gesellschaft führt.

Kapitel 1

WAS IST WOHLSTAND?

Einleitung: Wohlstand – Ein vielschichtiges Konzept

Wohlstand ist ein Begriff, der tief in den wirtschaftlichen, sozialen und kulturellen Diskursen unserer Zeit verankert ist. Insbesondere in westlichen Gesellschaften wird er häufig mit materiellem Reichtum gleichgesetzt, etwa durch Besitz, Einkommen oder Luxusgüter. Doch dieser Blickwinkel greift zu kurz. Wohlstand ist weit mehr als nur finanzielle Sicherheit oder ein komfortabler Lebensstil. Es handelt sich um ein vielschichtiges Konzept, das sowohl individuelle als auch kollektive Dimensionen umfasst.

Neben dem rein materiellen Aspekt spielen emotionale, soziale und kulturelle Faktoren eine entscheidende Rolle. Wohlstand kann sich beispielsweise in der Qualität zwischenmenschlicher Beziehungen, im Zugang zu Bildung oder in der Fähigkeit, ein gesundes und selbstbestimmtes Leben zu führen, manifestieren. Darüber hinaus beeinflussen Werte und Normen einer Gesellschaft sowie der Umgang mit natürlichen Ressourcen unser Verständnis von Wohlstand.

Dieses Kapitel widmet sich einer umfassenden Analyse des Begriffs und dessen Bedeutung in verschiedenen Kontexten. Dabei wird sowohl ein Blick auf historische Entwicklungen als auch auf gegenwärtige

Herausforderungen geworfen. Ziel ist es, die vielschichtigen Facetten von Wohlstand zu beleuchten und aufzuzeigen, wie er sich auf das Leben des Einzelnen und auf die Gesellschaft als Ganzes auswirkt. So entsteht ein differenziertes Bild, das dazu einlädt, Wohlstand nicht nur als Ergebnis, sondern als Prozess und Ziel gesellschaftlicher und individueller Entwicklung zu betrachten.

Die Definition von Wohlstand: Ein ganzheitlicher Ansatz

Wohlstand wird in der Regel mit finanziellen Mitteln, materiellem Besitz und wirtschaftlichem Erfolg gleichgesetzt. Diese traditionelle Perspektive spiegelt jedoch nur einen kleinen Teil dessen wider, was Wohlstand wirklich bedeutet. Um den Begriff umfassend zu verstehen, ist es notwendig, sowohl die materiellen als auch die immateriellen Dimensionen einzubeziehen, die das menschliche Leben prägen.

Wohlstand lässt sich als ein Zustand des Wohlbefindens beschreiben, der auf verschiedenen Ebenen wirksam ist. Neben materiellen Ressourcen zählen emotionale, soziale, spirituelle und gesundheitliche Aspekte. Diese multidimensionale Sichtweise erweitert das Verständnis von Wohlstand und macht deutlich, dass er mehr ist als bloßer Reichtum.

Stattdessen ist Wohlstand ein vielschichtiger Zustand, der finanzielle Sicherheit, persönliche Erfüllung, gesunde soziale Beziehungen, körperliche und psychische Gesundheit sowie ein positives Lebensgefühl einschließt.

Dieses Konzept berücksichtigt die wesentlichen Faktoren, die das individuelle und kollektive Wohlbefinden beeinflussen.

Um die Komplexität des Wohlstands greifbarer zu machen, wird er in folgende Dimensionen unterteilt:

1. Materieller Wohlstand

Materieller Wohlstand beschreibt die finanziellen Ressourcen und materiellen Güter, die notwendig sind, um grundlegende Bedürfnisse zu erfüllen und ein komfortables Leben zu ermöglichen.

Dazu gehören:

a) Einkommen und Vermögen,
b) Zugang zu Wohnraum, Bildung und Gesundheitsversorgung,
c) finanzielle Stabilität und Absicherung vor unvorhersehbaren Ereignissen.

2. Sozialer Wohlstand

Dieser Aspekt betrifft die Qualität und Stabilität zwischenmenschlicher Beziehungen sowie die Einbindung in soziale Netzwerke.

Elemente des sozialen Wohlstands sind:

a) Freundschaften und familiäre Bindungen,
b) Zugehörigkeit zu Gemeinschaften,
c) Unterstützung durch soziale Netzwerke, die Sicherheit und emotionales Wohlbefinden fördern.

3. Emotionaler Wohlstand

Emotionaler Wohlstand bezieht sich auf das innere Erleben von Zufriedenheit, Glück und Ausgeglichenheit.

Er umfasst:

a) die Fähigkeit, mit Stress und Herausforderungen umzugehen,
b) positive Lebensperspektiven,
c) das Gefühl von Sicherheit und Stabilität.

4. Spiritueller Wohlstand

Spiritueller Wohlstand ergibt sich aus dem Gefühl von Sinnhaftigkeit und innerem Frieden.

Es geht um:

a) die Suche nach einem übergeordneten Zweck im Leben,
b) eine Verbindung zu etwas Größerem, sei es durch Religion, Naturverbundenheit oder philosophische Werte,
c) die Entwicklung persönlicher Ideale und ethischer Überzeugungen.

5. Gesundheitlicher Wohlstand

Gesundheit ist eine essenzielle Basis für Wohlstand.

Sie beinhaltet:

a) körperliche Fitness und Vitalität,
b) mentale Stärke und psychische Stabilität,
c) präventive Maßnahmen, um ein langes und gesundes Leben zu ermöglichen.

Die verschiedenen Dimensionen des Wohlstands sind eng miteinander verknüpft und beeinflussen sich gegenseitig. So kann finanzieller Wohlstand die Grundlage schaffen, um soziale Kontakte zu pflegen oder die eigene Gesundheit zu verbessern. Gleichzeitig können starke soziale Bindungen und emotionale Stabilität helfen, Herausforderungen zu meistern und neue Perspektiven zu entwickeln.

Wohlstand ist demnach nicht statisch, sondern ein dynamischer Zustand, der auf kontinuierliche Pflege und Anpassung angewiesen ist. Ein ausgewogenes Verhältnis zwischen den Dimensionen ermöglicht es, ein erfülltes und sinnhaftes Leben zu führen.

Eine ganzheitliche Betrachtung des Wohlstands verdeutlicht somit, dass er weit über materielle Reichtümer hinausgeht. Er umfasst all jene Elemente, die uns ein Leben in Sicherheit, Zufriedenheit und Erfüllung ermöglichen. Diese Perspektive fordert uns auf, den Begriff Wohlstand neu zu denken und die immateriellen Werte in unserem Leben stärker zu schätzen.

Die historische Entwicklung des Wohlstandsbegriffs:
Um die moderne Vorstellung von Wohlstand zu verstehen, ist es wichtig, die historische Entwicklung seiner Konzeption zu betrachten. In der Antike wurde Wohlstand oft mit der Menge an Land, Vieh und anderen Ressourcen gleichgesetzt. Der Besitz von Land war ein Zeichen von Macht und Einfluss und die Gesellschaft war stark hierarchisch strukturiert. Der Reichtum der Oberschicht war auf der Ausbeutung der unteren

Schichten aufgebaut. Diese Struktur führte zu einer tiefen Kluft zwischen den Wohlhabenden und den weniger Begünstigten.

Im Mittelalter war der Wohlstand in der Regel an den Adel und die Kirche gebunden. Der Reichtum war stark zentralisiert und wurde durch politische Macht und religiöse Institutionen kontrolliert. Die Erhebung von Steuern und Abgaben bedeutete eine ungleiche Verteilung von Reichtum und Macht, wodurch viele Menschen in Armut lebten. Die feudalistische Struktur der Gesellschaft sorgte dafür, dass der Großteil des Wohlstands in den Händen Weniger lag, während die Mehrheit der Bevölkerung um das Überleben kämpfte.

Mit dem Aufkommen der industriellen Revolution im 18. und 19. Jahrhundert veränderte sich das Verständnis von Wohlstand. Der Fokus verlagerte sich von landwirtschaftlichem Besitz auf industrielles Kapital. Menschen begannen, Wohlstand durch die Fähigkeit zu definieren, Waren zu produzieren und Dienstleistungen anzubieten. Dies führte zu einem Anstieg des individuellen Wohlstands, jedoch auch zu sozialen Ungleichheiten und der Ausbeutung von Arbeitskräften. Die Arbeitsbedingungen in den Fabriken waren oft schlecht und viele Menschen litten unter Armut, während einige wenige Unternehmer riesige Vermögen anhäuften.

Im 20. Jahrhundert wurde der Begriff des Wohlstands durch die Entwicklung des Wohlfahrtsstaates neu geprägt. In vielen Ländern wurde das Ziel verfolgt, einen gewissen Lebensstandard für alle Bürger zu gewährleisten. Bildung, Gesundheitsversorgung und soziale Sicherheit wurden als grundlegende Elemente des Wohlstands anerkannt. In dieser Zeit begann auch die Diskussion über die sozialen und wirtschaftlichen Ungleichheiten, die im Zuge des kapitalistischen Wachstums entstanden waren.

In der heutigen Zeit wird der westliche Wohlstand meist mit dem Lebensstandard und dem Zugang zu Konsumgütern, also materiellen Elementen, in Verbindung gebracht. Werbung und soziale Medien propagieren ein Bild des Erfolgs, das unrealistische Standards setzt und Menschen dazu verleitet, ihren eigenen Wert anhand von materiellem Besitz zu messen. Diese Ausrichtung führt oft zu Unzufriedenheit, da viele Menschen das Gefühl haben, den gesellschaftlichen Erwartungen nicht gerecht zu werden.

Gesellschaftliche Vorstellungen von Wohlstand:
Die gesellschaftliche Vorstellung von Wohlstand ist stark von kulturellen und sozialen Faktoren geprägt. In westlichen Gesellschaften wird Wohlstand häufig mit individuellem Erfolg, finanzieller Unabhängigkeit und materiellem Wohlstand assoziiert. Diese Sichtweise hat Auswirkungen auf das individuelle und kollektive Handeln, da viele Menschen ihr Leben nach diesen Standards ausrichten. Der Druck, wohlhabend zu sein, kann zu Stress, Angst und Unzufriedenheit führen, insbesondere wenn das Erreichen dieser Standards als Voraussetzung für Glück und Erfüllung betrachtet wird. In anderen Kulturen hingegen kann Wohlstand ganz anders definiert werden. In vielen indigenen Gemein-

schaften wird Wohlstand als gemeinschaftliches Gut betrachtet, welches durch die Qualität der Beziehungen, die Verbindung zur Natur und das gegenseitige Wohlbefinden bestimmt wird. Hier spielt der materielle Besitz eine untergeordnete Rolle, während das soziale Gefüge und die Unterstützung innerhalb der Gemeinschaft im Vordergrund stehen. In vielen Kulturen wird auch der Begriff der Genügsamkeit mit Wohlstand verbunden. In Gesellschaften, in denen ein bescheidener Lebensstil geschätzt wird, kann Wohlstand weniger mit materiellem Reichtum als mit innerer Zufriedenheit und Harmonie definiert werden. Diese unterschiedlichen Auffassungen von Wohlstand verdeutlichen, dass es keine universelle Definition gibt. Wohlstand ist ein subjektives Konzept, das stark mit individuellen und kulturellen Werten verknüpft ist.

Diese Perspektive ermutigt dazu, die eigenen Bedürfnisse zu hinterfragen und das Leben in Einklang mit der Umwelt zu gestalten. Eine solche Sichtweise kann dazu beitragen, übermäßigen Konsum und die damit verbundenen negativen Auswirkungen auf die Umwelt und die Gesellschaft zu reduzieren.

Der individuelle Wohlstandsbegriff:

Jeder Mensch hat seine eigene Vorstellung davon, was Wohlstand bedeutet. Diese persönliche Definition wird von verschiedenen Faktoren beeinflusst, darunter Erziehung, Lebensumstände, persönliche Werte und gesellschaftliche Normen. Während einige Menschen Wohlstand in finanziellen Begriffen messen, können andere ihn in Bezug auf persönliche Erfüllung, Zufriedenheit in Beziehungen oder den Zugang zu Bildung und Gesundheit definieren. Die individuelle Definition von Wohlstand ist eng mit der Frage verbunden, was für das persönliche Glück und die Zufriedenheit wichtig ist. Manche Menschen finden Wohlstand in der Freiheit, ihre Leidenschaften zu verfolgen und sich kreativ auszudrücken. Andere sehen Wohlstand in der Stabilität und Sicherheit, die ein regelmäßiges Einkommen und ein eigenes Zuhause bieten können. Diese Vielfalt der Perspektiven macht deutlich, dass Wohlstand nicht universell definiert werden kann, sondern stark vom individuellen Lebenskontext abhängt. Ein weiterer entscheidender Aspekt ist, dass Wohlstand nicht statisch ist. Menschen durchlaufen unterschiedliche Lebensphasen, die ihre Definition von Wohlstand verändern können. Ein junger Erwachsener könnte beispielsweise den Fokus auf Bildung und Karriere richten, während jemand in der Lebensmitte möglicherweise mehr Wert auf Familie und soziale Beziehungen legt. In späteren Lebensphasen könnte die Suche nach Sinn und Zufriedenheit im Ruhestand im Vordergrund stehen.

Die Suche nach Wohlstand kann auch durch gesellschaftliche Erwartungen beeinflusst werden. In vielen Kulturen gibt es klare Vorstellungen darüber, was es bedeutet, erfolgreich zu sein. Diese Erwartungen können zu einem inneren Druck führen. Wenn jemand das Gefühl hat, diese Erwartungen nicht zu erfüllen, kann dies zu Unzufriedenheit und einem negativen Selbstbild führen.

Die Auswirkungen von Wohlstand auf zwischenmenschliche Beziehungen:
Die Art und Weise, wie Menschen Wohlstand definieren, hat erhebliche Auswirkungen auf ihre zwischenmenschlichen Beziehungen. In einer Gesellschaft, in der materieller Reichtum als Maßstab für Erfolg angesehen wird, kann der Druck, wohlhabend zu sein, eine oberflächliche Kultur bedingen. Menschen könnten dazu neigen, ihre Beziehungen nach wirtschaftlichem Status zu beurteilen, anstatt auf den Charakter und die emotionale Verbindung zu achten. Solch eine Materialisierung von Beziehungen kann zu einer Entfremdung führen. Menschen, die sich auf ihre finanziellen Mittel konzentrieren, können Schwierigkeiten erleben, echte Verbindungen zu anderen aufzubauen. Freundschaften können zu einem Wettbewerb um Statussymbole werden, anstatt auf gegenseitiger Unterstützung und Vertrauen zu basieren. Dies kann dazu führen, dass Menschen isoliert werden und das Gefühl haben, dass ihre Beziehungen nicht authentisch sind. Umgekehrt kann ein holistisches Verständnis von Wohlstand, welches soziale Werte in den Vordergrund stellt, stärkere und bedeutungsvollere Beziehungen unterstützen. Menschen, die den Wert von Freundschaft, Gemeinschaft und emotionalem Wohlbefinden erkennen, neigen dazu, tiefere Verbindungen zu anderen zu entwickeln. Diese Verbindungen tragen nicht nur zu einem erfüllten Leben bei, sondern können auch das Gefühl von Sicherheit und Unterstützung stärken, das für das individuelle Wohlbefinden unerlässlich ist. Darüber hinaus ist es wichtig zu betonen, dass Wohl-

stand auch soziale Verantwortung impliziert. Menschen, die in der Lage sind, materielle Ressourcen zu nutzen, haben oft die Möglichkeit, anderen zu helfen. Dies kann durch ehrenamtliches Engagement, Unterstützung von gemeinnützigen Organisationen oder einfach durch das Angebot von Hilfe in der eigenen Gemeinschaft geschehen. Ein bewusster Umgang mit Wohlstand, der auch die Bedürfnisse anderer berücksichtigt, kann ein solidarisches und harmonisches Zusammenleben hervorrufen.

Ethische Fragen des Wohlstands:
Die Diskussion über Wohlstand wirft auch wichtige ethische Problematiken auf. In einer Welt, in der materielle Ressourcen ungleich verteilt sind, stellt sich die Frage nach der Gerechtigkeit und Fairness im Umgang mit Wohlstand. Die Kluft zwischen den Wohlhabenden und den weniger Begünstigten nimmt in vielen Gesellschaften zu, was zu sozialen Spannungen und Unruhen führt. Die ungleiche Verteilung von Wohlstand hat tiefgreifende Auswirkungen auf das Leben von Menschen. Viele sind von Armut betroffen und haben keinen Zugang zu grundlegenden Dienstleistungen wie Bildung, Gesundheitsversorgung und Wohnraum. In einer gerechten Gesellschaft sollte jeder Mensch die Möglichkeit haben, ein erfülltes Leben zu führen, unabhängig von seinen finanziellen Mitteln. Diese ethischen Überlegungen führen zu Fragen über die Verantwortung der materiell Wohlhabenden. Dies ist überaus relevant in Zeiten der sozialen und wirtschaftlichen Krise, wenn die Kluft zwischen den

Reichen und den Armen besonders deutlich wird. Ein Ansatz könnte sein, dass Wohlhabende aktiv zur Verbesserung der Lebensbedingungen anderer beitragen und sich für soziale Gerechtigkeit einsetzen.

Ein weiterer ethischer Aspekt ist die Verantwortung im Umgang mit Ressourcen. In einer Welt, die unter dem Druck des Klimawandels und der Ressourcenknappheit leidet, ist es entscheidend, dass Wohlstand nicht auf Kosten der Umwelt und zukünftiger Generationen erlangt wird. Ein nachhaltiger Umgang mit Ressourcen und die Förderung von ökologischen Praktiken sind unerlässlich, um Wohlstand langfristig zu sichern.

Der Weg zu einem ganzheitlichen Wohlstandsverständnis:

Um ein ganzheitliches Verständnis von Wohlstand zu entwickeln, müssen wir die immateriellen Werte und die Qualität unserer zwischenmenschlichen Beziehungen in den Vordergrund stellen. Ein integrativer Ansatz, der soziale, emotionale und gesundheitliche Aspekte berücksichtigt, ist entscheidend, um das Wohlbefinden des Einzelnen und der Gemeinschaft zu fördern. Dies erfordert ein Umdenken in der Gesellschaft, weg von einer reinen Fokussierung auf materielle Werte hin zu einem ganzheitlichen Ansatz, der die Vielfalt der menschlichen Erfahrungen und Bedürfnisse anerkennt. Die Schaffung von Räumen für zwischenmenschliche Interaktionen, Gemeinschaftsbildung und persönliche Entfaltung ist von zentraler Bedeutung, um ein erfülltes Leben zu ermöglichen. Darüber hinaus sollten Bildung und Aufklärung eine Schlüsselrolle spielen. Indem wir Menschen über die verschiedenen Dimensionen des Wohlstands lehren und ihnen Werkzeuge an die Hand geben, um ihre eigenen Werte zu definieren und zu verfolgen, können wir ein Bewusstsein für die Vielfalt der Lebensweisen und die Bedeutung von sozialen Werten schaffen.

Folgerung:

Wohlstand ist ein vielschichtiges Konzept, das sich über rein materielle Dimensionen hinaus erstreckt und sowohl individuelle als auch gesellschaftliche Perspektiven umfasst. Die Auseinandersetzung mit dem Begriff Wohlstand zeigt, dass er nicht nur durch finanzielle Mittel definiert wird, sondern vielmehr eine Kombination aus materiellem Reichtum, emotionalem Wohlbefinden, sozialen Beziehungen und einem tiefen Sinn für das Leben darstellt. Diese verschiedenen Dimensionen stehen in einem dynamischen Zusammenspiel, welches unser Verständnis von Wohlstand nachhaltig prägt.

Die historische Entwicklung des Wohlstandsbegriffs demonstriert, dass die Vorstellungen von Wohlstand im Laufe der Zeit erheblichen Veränderungen unterlegen haben. Von den landwirtschaftlichen Gesellschaften der Antike und des Mittelalters über die industriellen Revolutionen bis hin zu modernen, digitalisierten Gesellschaften hat sich das Verständnis von Wohlstand kontinuierlich gewandelt. Dabei ist es wichtig zu erkennen, dass Wohlstand in unterschiedlichen Kulturen unterschiedlich interpretiert wird. Während in vielen westlichen Ländern materielle Werte überwiegen, betonen andere Kulturen soziale Bindungen, Gemeinschaft und innere Zufriedenheit als essenzielle Bestandteile des Wohlstands.

Ein zentraler Aspekt dieser Diskussion ist die Bedeutung individueller Perspektiven. Jeder Mensch hat seine eigene Definition von Wohlstand, die stark von persönlichen Werten, Lebensumständen und kulturellen Einflüssen geprägt ist. Dies führt zu einer Vielzahl von Auffassungen darüber, was ein erfülltes und glückliches Leben ausmacht. Die Fähigkeit, eigene Werte zu erkennen und zu verfolgen ist entscheidend für das individuelle Wohlbefinden. In einer Gesellschaft, die oft ein einseitiges Bild von Erfolg propagiert, ist es wichtig, dass Menschen die Freiheit und die Ressourcen haben, ihre eigenen Vorstellungen von Wohlstand zu entwickeln.

Die Analyse der Auswirkungen von Wohlstand auf zwischenmenschliche Beziehungen zeigt, wie wichtig soziale Werte und emotionale Bindungen für das individuelle Wohlbefinden sind. In einer Zeit, in der materielle Errungenschaften häufig als Maßstab für persönlichen Erfolg gelten, besteht die Gefahr, dass zwischenmenschliche Beziehungen an Bedeutung verlieren. Die Rückbesinnung auf die Qualität von Beziehungen und die Förderung sozialer Netzwerke sind entscheidend, um eine harmonische und unterstützende Gesellschaft zu schaffen.

Ethische Diskussionen im Zusammenhang mit Wohlstand sind ebenfalls von großer Relevanz. In einer Welt, in der Ressourcen ungleich verteilt sind, ist die Frage nach sozialer Gerechtigkeit und Verantwortung von

Wohlhabenden von zentraler Bedeutung. Ein gerechtes Wohlstandsmodell erfordert, dass Menschen, die in der Lage sind, Ressourcen zu nutzen, aktiv zur Verbesserung der Lebensbedingungen anderer beitragen. Dies fördert nicht nur ein Gefühl der sozialen Verantwortung, sondern stärkt auch den Zusammenhalt in der Gesellschaft.

Ein ganzheitliches Verständnis von Wohlstand muss zudem die ökologische Dimension berücksichtigen. Angesichts der globalen Herausforderungen wie Klimawandel, Umweltzerstörung und Ressourcenknappheit ist es entscheidend, dass Wohlstand nicht auf Kosten der Umwelt und zukünftiger Generationen erlangt wird. Ein nachhaltiger Umgang mit Ressourcen und die Integration ökologischer Praktiken in unsere Lebensweise sind unerlässlich, um Wohlstand langfristig zu sichern.

Insgesamt lässt sich festhalten, dass ein nachhaltiges und gerechtes Wohlstandsmodell auf einem integrativen Ansatz basiert, der soziale, emotionale und gesundheitliche Aspekte in den Vordergrund rückt. Bildung und Aufklärung spielen dabei eine Schlüsselrolle, indem sie Menschen die Möglichkeit geben, ihre eigenen Werte zu erkennen und zu definieren. Durch den Austausch von Ideen und Erfahrungen können wir ein Bewusstsein für die Vielfalt der Lebensweisen schaffen und ein solidarisches und harmonisches Zusammenleben fördern.

In einer Welt, die oft von materiellem Denken geprägt ist, ist es an der Zeit, den Fokus auf die Aspekte zu legen, die zu einem erfüllten und glücklichen Leben führen. Der Weg zu einem umfassenden Wohlstandsverständnis bedingt ein Umdenken, das die Bedeutung von zwischenmenschlichen Beziehungen, sozialen Werten und ethischer Verantwortung in den Mittelpunkt stellt. Nur so können wir ein Wohlstandsverständnis schaffen, das sowohl individuellen als auch kollektiven Bedürfnissen gerecht wird und einen Beitrag zu einer gerechteren, harmonischeren und nachhaltigeren Welt leistet.

Kapitel 2

MATERIELLER WOHLSTAND UND SEINE GRENZEN

Einleitung:

Der Begriff „Wohlstand" wird in vielen Gesellschaften mit materiellem Reichtum und finanziellem Erfolg gleichgesetzt: dem Besitz von Vermögenswerten wie Geld, Immobilien und Luxusgütern. Doch reicht materieller Reichtum aus, um ein wirklich erfülltes und erfolgreiches Leben zu führen? Dieser Gedanke wirft eine fundamentale Frage auf, die die gesamte Menschheitsgeschichte durchzieht: Inwieweit können materielle Güter das Streben nach Glück und Zufriedenheit tatsächlich befriedigen? Dieses Kapitel untersucht diese Frage eingehend und beleuchtet, warum materieller Wohlstand allein nicht ausreicht, um ein Gefühl von wahrem Wohlstand zu erzeugen. Während finanzieller Erfolg und wirtschaftliche Sicherheit ohne Zweifel wichtige Faktoren sind, um ein komfortables Leben zu ermöglichen, offenbart sich bei genauer Betrachtung, dass diese Faktoren allein die Tiefe menschlicher Bedürfnisse und Sehnsüchte nicht ausreichend abdecken. Der wahre Wohlstand muss über das rein Materielle hinausgehen, um die emotionalen, sozialen und spirituellen Aspekte des menschlichen Lebens zu inkludieren.

Darüber hinaus wird die Entwicklung einer „Ellenbogengesellschaft“ kritisch beleuchtet, in der materielle Güter oft über soziale Werte gestellt werden. Diese Form von Gesellschaft, die auf Wettbewerb, Egoismus und Konsum basiert, hat tiefgreifende Auswirkungen auf das Zusammenleben und die Art und Weise, wie Menschen Beziehungen zueinander aufbauen und pflegen. Am Ende dieses Kapitels wird klar, dass materieller Wohlstand zwar wichtig ist, jedoch nie den zwischenmenschlichen Faktor und die immateriellen Werte im Leben ersetzen kann.

Der materielle Wohlstand als Gesellschaftsideal:
In vielen modernen Gesellschaften ist der materielle Wohlstand ein zentrales Streben. Die Verheißung, durch harte Arbeit und kluge Investitionen finanziellen Erfolg zu erlangen ist fest in das kollektive Bewusstsein eingebettet. In einer kapitalistischen Welt wird Wohlstand gleichgesetzt mit einem Leben in Komfort, Luxus und sozialem Status. Dieser Drang nach materiellem Besitz wird durch Werbung, soziale Medien und kulturelle Normen verstärkt, die den Wert eines Menschen häufig an dessen äußerem Erfolg und Reichtum messen. Die Verbreitung des Konsumkapitalismus hat in vielen westlichen Gesellschaften zu einer Fixierung auf materiellen Reichtum geführt. Menschen streben nach finanzieller Freiheit, dem Traumhaus, dem neuesten Auto oder teuren Accessoires, die nicht nur als Statussymbole fungie-

ren, sondern auch als äußere Bestätigung ihres Erfolges und ihrer Lebensleistung. Der Begriff Erfolg ist dabei untrennbar mit materiellen Errungenschaften verbunden und der Besitz wird zur Maßgabe für den sozialen und wirtschaftlichen Stand. Doch dieser Fokus auf das Materielle hat seine Schattenseiten. Studien zeigen, dass Menschen, die in konsumorientierten Gesellschaften leben, tendenziell unzufriedener und gestresster sind. Der Druck, materiellen Reichtum zu erlangen und aufrechtzuerhalten verursacht ein Gefühl des „Nie-genug-habens". Das Streben nach mehr Besitz wird zu einem niemals endenden Kreislauf, in dem Glück und Erfüllung immer auf das nächste Ziel verschoben werden. Menschen opfern ihre Zeit, Energie und oft auch ihre Beziehungen und Gesundheit, um mehr Reichtum zu erlangen, nur um zu erkennen, dass der materielle Wohlstand nicht die erhoffte innere Erfüllung bringt.

Die Grenzen des materiellen Reichtums:
Obwohl finanzieller Wohlstand zweifellos viele Vorteile bietet – er ermöglicht es, Sorgen um grundlegende Bedürfnisse wie Nahrung, Unterkunft und Gesundheit zu reduzieren –, zeigen sich klare Grenzen auf, wenn es um die Erfüllung tiefergehender menschlicher Bedürfnisse geht. Zahlreiche psychologische und soziologische Studien beweisen, dass ab einem gewissen Punkt mehr Geld nicht mehr zu einer Steigerung des persönlichen Glücks führt. Dieser Punkt wird als „Sättigung des Wohlstands" bezeichnet. Sobald die grundlegenden materiellen Bedürfnisse befriedigt sind, haben zusätzliche Einnahmen

nur noch einen geringen oder gar keinen Einfluss auf das persönliche Wohlbefinden. Die sogenannten „hedonischen Anpassungstheorien" besagen zudem, dass sich Menschen schnell an neue materielle Errungenschaften gewöhnen und diese dann als selbstverständlich ansehen. Die anfängliche Euphorie, die mit dem Kauf eines neuen Hauses oder Autos einhergeht, lässt nach, und bald entsteht das Verlangen nach mehr oder besseren Dingen. Ein weiteres Phänomen, das die Grenzen des materiellen Reichtums enthüllt, ist das Vergleichsdenken. Menschen neigen dazu, ihren materiellen Wohlstand mit dem ihrer Mitmenschen zu vergleichen. Auch wenn jemand objektiv wohlhabend ist, kann er sich arm oder benachteiligt fühlen, wenn er sieht, dass andere mehr besitzen. Dieser soziale Vergleich schafft eine endlose Spirale des Unzufriedenseins, die Neid und Missgunst kreiert. In einer Gesellschaft, die den materiellen Erfolg feiert, werden Menschen ständig ermutigt, sich zu messen und ihren Status zu erhöhen – was selten zu dauerhafter Zufriedenheit führt. Materieller Reichtum kann ein Gefühl der Isolation hervorrufen. Viele Studien betonen, dass der Fokus auf den materiellen Erfolg Menschen von ihren zwischenmenschlichen Beziehungen entfremden kann. Die Investition von Zeit und Energie in die Akkumulation von Reichtum lässt oft wenig Raum für das Pflegen von Freundschaften, familiären Bindungen und sozialen Netzwerken. Diese zwischenmenschlichen Beziehungen sind jedoch essenziell für das emotionale und psychische Wohlbefinden. Ein Leben, das ausschließlich auf materiellen Besitz fokussiert ist, kann schnell hohl und leer erscheinen, wenn es an bedeutungsvollen menschlichen Verbindungen mangelt.

Die „Ellenbogengesellschaft“: Wettbewerb und Entfremdung:
Ein weiterer Aspekt der Grenzen des materiellen Wohlstands ist das Aufkommen einer Ellenbogengesellschaft, in der der individuelle Erfolg auf Kosten anderer angestrebt wird. In einer Ellenbogengesellschaft wird der Wettbewerb unter den Menschen verstärkt und die Werte der Gemeinschaft und Solidarität treten in den Hintergrund. Jeder kämpft für sich selbst und materielle Güter werden zum Maßstab für Erfolg und Lebenswert. Diese Art von Gesellschaft fördert eine Kultur des Egoismus und der Selbstoptimierung. Menschen sehen sich in einem ständigen Wettbewerb um Statussymbole, sei es ein größeres Haus, ein teureres Auto oder prestigeträchtige Kleidung. Der Erfolg des einen wird als Misserfolg des anderen empfunden, was zu einer tiefen sozialen Entfremdung führt. Beziehungen werden oft nach ihrem Nutzen bewertet und Menschen neigen dazu, andere nach ihrem materiellen Besitz zu beurteilen. Dieser Fokus auf den Wettbewerb und den individuellen materiellen Erfolg untergräbt das Gefühl von Gemeinschaft und Solidarität, das für das Zusammenleben in einer gesunden Gesellschaft unerlässlich ist. Die Ellenbogengesellschaft führt auch zu einer zunehmenden Spaltung zwischen den Wohlhabenden und den weniger Privilegierten. Der Abstand zwischen Arm und Reich

vergrößert sich, was soziale Spannungen und Unzufriedenheit verstärkt. In einer Welt, in der Reichtum als das ultimative Ziel angesehen wird, fühlen sich diejenigen, die nicht die gleichen Ressourcen haben, benachteiligt und ausgegrenzt. Diese Kluft verursacht einen Verlust des sozialen Zusammenhalts und eine Zunahme von Konflikten und Ungerechtigkeiten innerhalb der Gesellschaft. Darüber hinaus schafft diese Art von Gesellschaft ein Klima der Angst und Unsicherheit. Menschen sind ständig besorgt, ihren Status zu verlieren oder nicht mit anderen mithalten zu können. Diese Angst bringt ein Gefühl der Rastlosigkeit und eines ständigen Drucks, sich zu verbessern und mehr zu erreichen, mit sich. Anstatt sich auf die eigenen Werte und Bedürfnisse zu konzentrieren, verbringen viele Menschen ihr Leben damit, den Erwartungen und Ansprüchen der Gesellschaft gerecht zu werden. Dies führt zu einem tiefen Gefühl der Entfremdung von sich selbst und von den Menschen in ihrer Umgebung.

Die psychologischen Auswirkungen von materiellem Wohlstand:

Materieller Wohlstand allein hat nicht nur soziale, sondern auch tiefgreifende psychologische Auswirkungen auf das Individuum. Der ständige Druck, mehr zu besitzen und den eigenen materiellen Status zu verbessern, führt meist zu Stress und Burnout. Viele Menschen fühlen sich durch den kontinuierlichen Wettbewerb und die hohen Erwartungen, die die Gesellschaft an sie stellt, überfordert. Sie arbeiten lange Stunden, opfern ihre Freizeit und vernachlässigen ihre Gesundheit, um materiellen Wohlstand zu erreichen. Dieser Stress hat weitreichende negative Auswirkungen auf das körperliche und geistige Wohlbefinden.

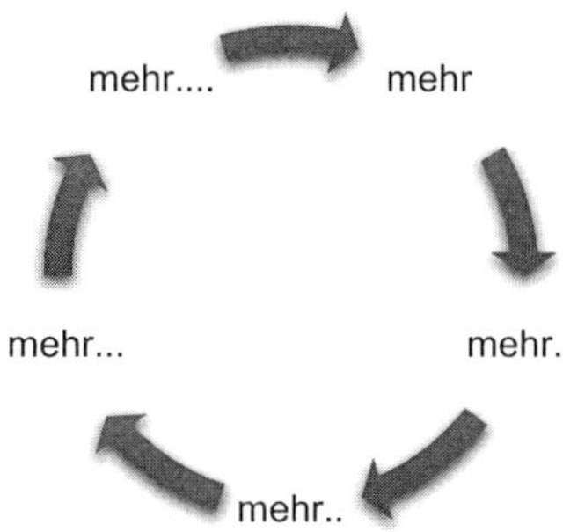

Darüber hinaus führt der Fokus auf materiellen Wohlstand oft zu einer Vernachlässigung der eigenen emotionalen Bedürfnisse. Menschen, die zu sehr auf den Erwerb von Reichtum konzentriert sind, haben wenig Zeit oder Energie für die Pflege ihrer zwischenmenschlichen Beziehungen. Sie opfern ihre sozialen Kontakte, um mehr zu arbeiten und mehr zu verdienen. Dies kann ein Gefühl der Einsamkeit und Isolation bedingen, welches wiederum das psychische Wohlbefinden beeinträchtigt.

Ein weiterer wichtiger Aspekt der psychologischen Auswirkungen von materiellem Wohlstand ist das Phänomen der hedonischen Anpassung, bei dem Menschen sich schnell an neuen Besitz gewöhnen und den damit verbundenen emotionalen Nutzen verlieren. Das heißt, selbst wenn Menschen mehr Reichtum und Besitz erlangen, führt dies nicht zu einer dauerhaften Steigerung ihres Glücks. Tatsächlich zeigt die Forschung, dass Menschen, die stark materialistisch orientiert sind, tendenziell unglücklicher und weniger zufrieden mit ihrem Leben sind als diejenigen, die immaterielle Werte wie Beziehungen, persönliche Erfüllung und spirituelles Wachstum schätzen.

Der soziale Wert des materiellen Wohlstands:
Trotz der aufgezeigten Grenzen des materiellen Wohlstands darf dessen Bedeutung für das menschliche Leben nicht unterschätzt werden. Materielle Güter erfüllen eine Vielzahl von Funktionen, die weit über die bloße Deckung grundlegender Bedürfnisse hinausgehen. Sie sind nicht nur für das Überleben notwendig, sondern ermöglichen auch ein Leben in Würde, Komfort und Sicherheit. Nahrung, Kleidung und ein Dach über dem Kopf sind die elementaren Bausteine des Lebens, doch materieller Wohlstand umfasst weit mehr: Er schafft die Voraussetzungen für Bildung, Mobilität, Gesundheitsversorgung und kulturelle Entfaltung.

Darüber hinaus wirkt materieller Wohlstand als Motor sozialer Integration. Er erlaubt Menschen den Zugang zu gesellschaftlichen Ressourcen und Teilhabe am kulturellen und sozialen Leben. Wer materiell abgesichert ist, kann sich besser in Gemeinschaften einbringen, sei es durch ehrenamtliche Tätigkeiten, durch den Besuch kultureller Veranstaltungen oder durch die Förderung gemeinschaftlicher Projekte. Wohlstand bietet somit nicht nur individuelle Freiheiten, sondern auch die Chance, aktiv am Gemeinwohl mitzuwirken.

Ein weiterer wichtiger Aspekt ist die psychologische Wirkung von Wohlstand. Materielle Sicherheit reduziert Sorgen und Ängste, die durch wirtschaftliche Unsicherheiten entstehen können, um sich auf persönliche Ziele zu konzentrieren, Kreativität zu entfalten und langfristige Pläne zu schmieden. In dieser Hinsicht ist materieller Wohlstand ein wichtiger Faktor für das persönliche und soziale Wohlbefinden.

Im größeren gesellschaftlichen Kontext trägt materieller Wohlstand zur wirtschaftlichen Stabilität und zur Förderung des Fortschritts bei. Durch Konsum und Investitionen werden Arbeitsplätze geschaffen, die Entwicklung neuer Technologien ermöglicht und der soziale Aufstieg gefördert. Er kann auch als Brücke zwischen Generationen dienen, indem er Vermögen, Bildungschancen und Wissen weitergibt, was eine Grundlage für nachhaltiges Wachstum bildet.

Nicht zuletzt spielt der materielle Wohlstand eine Rolle bei der Förderung von Solidarität und Unterstützung innerhalb der Gesellschaft. Menschen, die über ausreichende materielle Mittel verfügen, sind in der Lage, andere zu unterstützen, sei es durch direkte Hilfe, Spenden oder durch das Schaffen von Chancen für benachteiligte Gruppen.

Jedoch darf der materielle Wohlstand nicht isoliert betrachtet werden. Sein sozialer Wert entfaltet sich erst dann voll, wenn er in Einklang mit immateriellen Werten wie sozialen Beziehungen, kultureller Identität und persönlicher Sinnfindung gebracht wird. Ein ausgewogener Umgang mit materiellem Wohlstand ist daher entscheidend, um ein erfülltes und nachhaltiges Leben zu führen, sowohl auf individueller als auch auf gesellschaftlicher Ebene.

Die Verführung des Materiellen und die Illusion des Glücks:
Materieller Wohlstand bietet zweifelsohne eine Art von Sicherheit und Komfort, die in der modernen Welt erstrebenswert scheint. Menschen sind angehalten, finanzielle Erfolge zu erzielen, weil dies zunächst als Grundlage für ein Leben ohne existenzielle Sorgen erscheint. Häuser, Autos, Urlaubsreisen und Luxusgüter sind greifbare Zeichen dieses Wohlstands und versprechen ein Leben in Bequemlichkeit. Doch diese Vorstellung von Wohlstand beruht auf einem irreführenden Glauben, der tiefergehende menschliche Bedürfnisse außer Acht lässt. Die hedonische Anpassung ist wissenschaftlich erwiesen, ebenso wie, dass das Erreichen eines gewissen materiellen Wohlstands das Wohlbefinden steigert, jedoch nur bis zu einer gewissen Schwelle. Das anfängliche Hochgefühl verblasst, während der Wunsch nach mehr oder besserem Besitz bestehen bleibt. Das Streben nach Wohlstand wird somit zu einem unaufhörlichen Kreislauf des Konsums, der jedoch selten zu langfristiger Zufriedenheit führt. Menschen, die auf der Jagd nach materiellem Reichtum sind, übersehen oft die tieferen Formen des Wohlbefindens, die nicht käuflich sind. Das Glück, das durch das Streben nach materiellen Gütern erlangt wird, ist flüchtig, weil es auf externen Faktoren basiert, die sich ständig ändern. Sobald das eine Ziel erreicht ist – sei es der Kauf eines neuen Autos oder eines größeren Hauses – taucht bald das nächste

auf. Diese ständige Verlagerung der Zufriedenheit von einem äußeren Objekt zum nächsten lässt die Menschen in einem Zustand der Unruhe und Unzufriedenheit zurück.

Der soziale Vergleich und die „Ellenbogengesellschaft“:
Ein weiterer wichtiger Aspekt, der die Grenzen des materiellen Wohlstands offenbart, ist der ständige soziale Vergleich. In einer kapitalistischen Gesellschaft, die materiellen Erfolg und Reichtum als Maßstab für Erfolg propagiert, neigen Menschen dazu, sich mit anderen zu vergleichen. Dieses „sich Messen“ wird durch soziale Medien, Werbung und das allgegenwärtige Konsumverhalten verstärkt. So führt materieller Wohlstand häufig zu einer subtilen, aber zerstörerischen Form der Unzufriedenheit: Selbst dann, wenn jemand objektiv betrachtet wohlhabend ist, kann er sich arm oder benachteiligt fühlen, sobald er andere sieht, die noch mehr besitzen. Dieses „Rattenrennen“ des Konsums ist ein zentrales Merkmal der Ellenbogengesellschaft, in der materielle Güter als Zeichen für Status und Erfolg gelten. In der Ellenbogengesellschaft fördert der Wettbewerb um Reichtum den Egoismus und die Entfremdung zwischen den Menschen. Die Idee des „Survival of the Fittest“ (‚Überleben des Stärkeren’ oder ‚Überleben des Angepasstesten‘) hat sich tief in das soziale Gefüge moderner Gesellschaften eingegraben. Der Drang, besser, wohlhabender und erfolgreicher als andere zu sein, unterminiert die Werte von Solidarität, Gemeinschaft und Mitgefühl. Beziehungen werden oft auf Basis von Nutzen und Gewinnmaximierung gepflegt.

Soziale Bindungen verlieren an Tiefe und Bedeutung, wenn sie allein durch materiellen Status definiert werden. Diese soziale Dynamik verstärkt nicht nur das Gefühl der Einsamkeit und des Getrenntseins, sondern schafft auch eine tiefe soziale Ungerechtigkeit. In einer Gesellschaft, in der materieller Wohlstand als oberstes Ziel gilt, geraten diejenigen, die finanziell benachteiligt sind, immer weiter ins Abseits. Die Kluft zwischen Arm und Reich vergrößert sich zunehmend; soziale Spannungen verschärfen sich. Materieller Reichtum wird somit nicht nur zu einem persönlichen Streben, sondern auch zu einem Instrument der sozialen Ausgrenzung, welches die Solidarität und das Gefühl der Zugehörigkeit schwächen.

Die psychologischen Belastungen des Materialismus:
Ein zentrales Problem des Materialismus besteht darin, dass er das Wohlbefinden eines Menschen durch seine sozialen wie auch durch seine psychologischen Auswirkungen beeinträchtigen kann. Menschen, die zu sehr auf den Erwerb und die Anhäufung von materiellen Gütern konzentriert sind, laufen Gefahr, andere wichtige Lebensbereiche zu vernachlässigen. Psychologische Studien zeigen, dass Materialismus häufig mit höheren Stressniveaus, Angst und Depressionen verbunden ist. Die Jagd nach materiellem Reichtum erfordert immense Anstrengungen und Opfer. Viele Menschen verbringen ihre besten Jahre damit, Überstunden zu machen, auf ihre Gesundheit zu verzichten und persönliche Beziehungen zu opfern, um mehr Geld zu verdienen

und mehr Besitz anzuhäufen. Dieser Stress und die damit verbundenen Belastungen können sowohl körperliche als auch geistige Auswirkungen haben. Hoher Blutdruck, Schlafstörungen und ein geschwächtes Immunsystem sind häufige Folgen eines übermäßigen Fokus auf die Karriere und den Erwerb von Wohlstand. Gleichzeitig verlieren viele Menschen den Kontakt zu ihren emotionalen Bedürfnissen, da die ständige Hektik und der Druck, materiell erfolgreich zu sein, wenig Raum für Selbstreflexion und inneres Wachstum lassen. Der Materialismus fördert außerdem ein Gefühl der Leere, welches schwer zu füllen ist. Menschen, die ihren Wert durch Besitz definieren, neigen dazu, sich in einem nie endenden Kreislauf des Konsums zu befinden, in dem sie ständig nach etwas Neuem suchen, um ein Gefühl der inneren Erfüllung zu erlangen. Doch diese Erfüllung bleibt unerreichbar, da sie nicht von außen kommen kann. Materieller Reichtum bietet keine Antwort auf tiefere existenzielle Fragen nach dem Sinn des Lebens, der persönlichen Erfüllung oder dem Aufbau authentischer Beziehungen.

Zwischenmenschliche Beziehungen als vernachlässigte Quelle des Wohlstands:

Ein weiterer wichtiger Punkt, der die Grenzen des materiellen Wohlstands unterstreicht, ist die oft vernachlässigte Bedeutung zwischenmenschlicher Beziehungen. Materieller Wohlstand kann zwar eine gewisse Form von Komfort bieten, doch Studien belegen immer wieder, dass die Qualität der menschlichen Beziehungen eine entscheidende Rolle für das Wohlbefinden und die Lebenszufriedenheit spielt. Menschen, die enge, unterstützende Beziehungen haben, berichten von einem höheren Maß an Zufriedenheit und Glück, unabhängig von ihrem finanziellen Status. Materieller Wohlstand kann dazu führen, dass Menschen ihre zwischenmenschlichen Beziehungen vernachlässigen, da sie ihre Zeit und Energie in den Erwerb von Reichtum investieren. Diese Vernachlässigung kann jedoch verheerende Auswirkungen auf das emotionale Wohlbefinden haben. Freundschaften, familiäre Bindungen und soziale Netzwerke sind essenzielle Quellen von emotionaler Unterstützung, Zugehörigkeit und Erfüllung. Sie bieten einen Raum für den Austausch von Gefühlen, Erfahrungen und Zuneigung, der durch keinen materiellen Besitz ersetzt werden kann. In einer Welt, die den materiellen Erfolg über die Pflege von Beziehungen stellt, können Menschen leicht das Gefühl für das Wesentliche im Leben verlieren. Die Zeit, die sie mit dem Erwerb von Reichtum verbringen, könnte stattdessen genutzt werden, um tiefe, bedeutungsvolle Verbindungen zu anderen Menschen aufzubauen, die letztendlich das größte Glückspotenzial aufweisen. Wahre Freundschaft, Liebe und Gemeinschaft sind Schätze, die unendlich wertvoller sind als jedes Luxusgut, da sie das Leben bereichern

Die Notwendigkeit einer ganzheitlichen Definition von Wohlstand:
Dieses Fazit verdeutlicht, dass eine einseitige Konzentration auf materiellen Wohlstand nicht ausreicht, um den tiefen menschlichen Bedürfnissen nach Glück, Zufriedenheit und Sinn gerecht zu werden. Materieller Reichtum hat seine Grenzen – er kann grundlegende Bedürfnisse erfüllen und Sicherheit bieten, aber er kann weder das Bedürfnis nach zwischenmenschlichen Beziehungen noch die Sehnsucht nach innerer Erfüllung oder einem höheren Lebenszweck ersetzen.

Ein ganzheitlicher Wohlstandsbegriff erfordert eine Balance zwischen materiellem Besitz und immateriellen Werten. Gesundheit, persönliche Entwicklung, soziale Verbindungen und ein Sinn für Gemeinschaft sind ebenso entscheidend für ein erfülltes Leben wie finanzielle Sicherheit. Die Bedeutung des materiellen Wohlstands sollte anerkannt, aber gleichzeitig relativiert werden, um Platz für andere, tiefere Formen des Wohlstands zu schaffen.

Es ist daher notwendig, die Definition von Wohlstand zu überdenken und zu erweitern. Ein reiches Leben ist eines, welches nicht nur durch materiellen Besitz gekennzeichnet ist, sondern auch durch immaterielle Güter wie Liebe, Freundschaft, Wissen und innere Zufriedenheit. Ein Leben, das diese Elemente miteinander in Einklang bringt, bietet nicht nur die Möglichkeit, Wohlstand im umfassendsten Sinne des Wortes zu erfahren, sondern auch ein tiefes Gefühl der Erfüllung und des Glücks.

Folgerung: Die Grenzen des materiellen Wohlstands – Eine umfassendere Betrachtung:

Die Grenzen des materiellen Wohlstands unterstreicht die Notwendigkeit, den Begriff Wohlstand in einem größeren Rahmen zu betrachten. Materieller Wohlstand, oft Maßstab für Erfolg und Zufriedenheit in modernen Gesellschaften, hat unbestreitbare Vorteile, wie die Sicherstellung grundlegender Bedürfnisse und die Förderung von Komfort. Dennoch zeigt sich bei näherer Betrachtung, dass er allein nicht ausreicht, um ein erfülltes Leben zu garantieren. Psychologisch führt die Fixierung auf materielle Güter zu einem ständigen Streben nach „mehr", ohne dass ein Gefühl von Zufriedenheit entsteht. Gesellschaftlich kann die einseitige Betonung materiellen Reichtums Ungleichheit, Isolation und Werteverlust fördern. Philosophisch betrachtet offenbart sich, dass wahres Wohlbefinden und Glück weniger im Besitz von Dingen als vielmehr in immateriellen Werten wie Beziehungen, Gesundheit, persönlichem Wachstum und innerem Frieden zu finden sind. Ein umfassender Ansatz zu Wohlstand erfordert daher eine Balance zwischen materiellen und immateriellen Aspekten des Lebens. Es geht darum, Reichtum in einer Weise zu definieren, die nicht nur den individuellen Nutzen, sondern auch den Beitrag zum Gemeinwohl und zur Nachhaltigkeit der Umwelt berücksichtigt. Dies lädt zu einem Paradigmenwechsel ein: weg von der Anhäufung von Besitz hin zu einem Verständnis von Wohlstand als harmonischem Zusammenspiel von Ressourcen, Beziehungen und Lebensqualität.

Kapitel 3

GESUNDHEIT ALS WOHLSTANDSPARAMETER

Einleitung: Gesundheit als Fundament des Wohlstands:

Gesundheit ist die Grundlage aller menschlichen Bestrebungen und das unverzichtbare Fundament jedes echten Wohlstands. Ohne körperliches, geistiges und emotionales Wohlbefinden verlieren selbst die größten materiellen Erfolge und der umfassendste Komfort an Bedeutung. So wie ein Gebäude auf einem stabilen Fundament ruhen muss, um sicher zu stehen, benötigt auch ein erfülltes und erfolgreiches Leben die stabile Basis einer guten Gesundheit. Diese Vorstellung ist in verschiedenen Kulturen und durch die Geschichte hindurch tief verwurzelt. Gesundheit wird als „höchstes Gut" betrachtet, weil sie uns ermöglicht, unser Leben aktiv zu gestalten, unsere Ziele zu verfolgen und Herausforderungen zu meistern. Diesem Ansatz wollen wir in diesem Kapitel nachgehen, indem wir die komplexen Zusammenhänge zwischen Gesundheit und Wohlstand aus unterschiedlichen Blickwinkeln beleuchten. Ein gesunder Körper und Geist befähigen uns, in der Welt aktiv zu sein, unsere persönlichen und beruflichen Ziele zu erreichen und ein Leben nach eigenen Werten und Vorstellungen zu führen. So können wir vital und energiegeladen am

Leben teilnehmen. Physische Gesundheit ist der Schlüssel, um langfristig Belastungen standzuhalten und unser Leben voller Elan und Ausdauer zu gestalten. Geistige und emotionale Gesundheit hingegen versorgen uns mit der inneren Stabilität, die es braucht, um selbst in unsicheren Zeiten gelassen und zielgerichtet zu bleiben. Ohne eine stabile geistige Verfassung und die Fähigkeit, Emotionen zu regulieren, wird jeder materielle Erfolg schnell bedeutungslos oder unerreichbar. Die Rolle der Gesundheit als Wohlstandsparameter darf deshalb nicht auf die Abwesenheit von Krankheit beschränkt bleiben, sondern sollte als Lebensqualität betrachtet werden, die inneren Frieden und Zufriedenheit miteinschließt. Die Bedeutung der Gesundheit für den Wohlstand lässt sich auch durch ihre Auswirkungen auf unsere Lebensqualität und Lebensgestaltung veranschaulichen. Mit einer intakten Gesundheit können wir sowohl in der beruflichen Welt als auch im privaten Bereich belastbar, zielstrebig und kreativ sein. Körperliche Stärke und geistige Klarheit fördern unsere Entscheidungsfähigkeit, unser Problemlösungsverhalten und letztlich auch unseren finanziellen Erfolg. Ein Mensch mit stabiler Gesundheit kann nicht nur besser auf Veränderungen und Belastungen reagieren, sondern auch langfristige Pläne für seine Zukunft entwickeln.

Gerade in einer Gesellschaft, die oft auf Wachstum und Leistung ausgerichtet ist, verleiht uns Gesundheit die Resilienz, die es braucht, um die Herausforderungen des Alltags erfolgreich zu meistern. Neben der individuellen Ebene hat die Gesundheit auch Auswirkungen auf die Gemeinschaft und die Gesellschaft als Ganzes. Ein gesundes Individuum kann Positivität auf seine Familie, seine Freunde und seine soziale Umgebung ausstrahlen. Es trägt zu einer funktionierenden Gesellschaft bei, indem es weniger auf medizinische Versorgung angewiesen ist und aktiver an Gemeinschaftsprozessen teilnimmt. Die Vorteile einer guten Gesundheit reichen also über das Individuum hinaus und schaffen Mehrwert für das gesamtgesellschaftliche Gefüge.

Dieses Kapitel liefert daher eine tiefgehende Analyse der verschiedenen Dimensionen von Gesundheit als Wohlstandsparameter. Wir gehen der Frage nach, warum ohne eine stabile Gesundheit kein echter und nachhaltiger Wohlstand möglich ist und warum Gesundheit als Grundlage für langfristigen Erfolg und Zufriedenheit betrachtet werden muss. Auch wollen wir die Grenzen des rein materiellen Reichtums herausstellen und verdeutlichen, dass ein Wohlstand, der nur auf finanziellen Ressourcen basiert, bei weitem nicht ausreicht, um ein erfülltes und erfolgreiches Leben zu führen. Ein ganzheitliches Wohlstandskonzept, das neben finanziellen auch gesundheitliche, soziale und emotionale Aspekte berücksichtigt, ist notwendig, um wahre Erfüllung und Resilienz zu erreichen.

Zusammengefasst: Gesundheit ist nicht nur ein Wohlstandsparameter – sie ist der Parameter, der alle anderen erst möglich macht und aufrechterhält.

Der ganzheitliche Gesundheitsbegriff: Mehr als die Abwesenheit von Krankheit…

Gesundheit wird im allgemeinen Verständnis oft auf die Abwesenheit von Krankheit und Beschwerden reduziert. Ein umfassenderer Ansatz findet sich jedoch in der Definition der Weltgesundheitsorganisation (WHO), die Gesundheit als „einen Zustand des vollständigen körperlichen, geistigen und sozialen Wohlbefindens" beschreibt. Diese Perspektive verdeutlicht, dass Gesundheit weit mehr ist als das bloße Fehlen von Krankheitssymptomen, sondern alle Facetten des menschlichen Daseins umfasst. Dieser ganzheitliche Ansatz zeigt auf, dass Gesundheit mehrere miteinander verbundene Dimensionen hat: körperliche, geistige und emotionale Aspekte, die in einem ausgewogenen Verhältnis zueinanderstehen sollten. Ein gesundes Leben ist demnach nur möglich, wenn Körper, Geist und Seele in Harmonie miteinander agieren.

Selbst ein Mensch mit erheblichem materiellem Wohlstand wird ohne Gesundheit nicht in der Lage sein, das Leben voll zu genießen. Wenn der Körper leidet, zieht dies auch den Geist und die Seele in Mitleidenschaft, und materieller Reichtum verliert schnell an Wert. Finanzieller Wohlstand kann zwar den Zugang zu medizinischer Versorgung, zu gesunder Ernährung und Freizeitaktivitäten erleichtern, aber er kann Gesundheit nicht garantieren. Besonders in unserer modernen, leistungsorientierten Gesellschaft zeigt sich, dass viele Menschen trotz materiellen Wohlstands unter chronischem Stress, Burnout und physischen Beschwerden leiden.

Diese Beobachtungen machen deutlich, dass Wohlstand allein die Gesundheit nicht sicherstellen kann.

Gesundheit ist ein dynamisches Gleichgewicht zwischen körperlichem Wohlbefinden, seelischer Stabilität und sozialer Eingebundenheit – ein Zustand, der weit über die finanzielle Absicherung hinausgeht und eine Balance der verschiedenen Lebensbereiche erfordert.

Die Bedeutung der körperlichen Gesundheit für den Wohlstand:

Körperliche Gesundheit ist das Fundament, auf dem unser gesamtes Leben aufgebaut ist. Ohne einen gesunden Körper ist es unmöglich, die täglichen Anforderungen des Lebens zu bewältigen. Krankheit und körperliche Einschränkungen führen nicht nur zu einer Verschlechterung der Lebensqualität, sondern können auch die Fähigkeit beeinträchtigen, am wirtschaftlichen und sozialen Leben teilzunehmen. Ein gesunder Körper ermöglicht es uns, produktiv zu sein und unser volles Potenzial zu entfalten. Menschen, die ihre körperliche Gesundheit pflegen, haben mehr Energie, eine höhere Konzentrationsfähigkeit und sind widerstandsfähiger gegenüber Stress. Diese Faktoren tragen dazu bei, dass sie erfolgreicher in ihrem Beruf sind, was sich wiederum positiv auf ihren materiellen Wohlstand auswirkt.

Doch die Pflege der körperlichen Gesundheit erfordert oft Zeit und Disziplin – beides Ressourcen, die in einer kapitalistischen Gesellschaft, die auf ständiger Produktivität und Leistung basiert, oft vernachlässigt werden. Übermäßiger Stress, Schlafmangel und ungesunde

Ernährungsgewohnheiten, die durch lange Arbeitszeiten und den Druck, erfolgreich zu sein, begünstigt werden, sind in modernen Gesellschaften weit verbreitet. Diese Faktoren tragen zur Entwicklung von Krankheiten wie Bluthochdruck, Herz-Kreislauf-Erkrankungen, Diabetes und Fettleibigkeit bei. Es ist paradox, dass Menschen in ihrem Streben nach materiellem Wohlstand oft ihre Gesundheit opfern, nur um später festzustellen, dass ohne Gesundheit alles andere wertlos ist. Darüber hinaus belegen zahlreiche Studien, dass regelmäßige körperliche Bewegung und eine ausgewogene Ernährung nicht nur das Risiko von Krankheiten verringern, sondern auch das allgemeine Wohlbefinden und die Lebenszufriedenheit steigern. Menschen, die ihre körperliche Gesundheit pflegen, berichten von höherem Selbstwertgefühl, mehr Lebensfreude und einer besseren emotionalen Stabilität. Dies unterstreicht, dass Gesundheit nicht nur ein Nebenaspekt des Wohlstands ist, sondern eine zentrale Voraussetzung dafür.

Geistige Gesundheit als Schlüssel zum Wohlstand:
In einer modernen Welt, die von ständiger Erreichbarkeit, wachsendem Leistungsdruck und einer allgegenwärtigen Fokussierung auf materiellen Erfolg geprägt ist, wird die Bedeutung der geistigen Gesundheit oft unterschätzt. Dabei ist diese genauso entscheidend wie körperliche Gesundheit und stellt einen grundlegenden Faktor für persönlichen und beruflichen Wohlstand dar. In einer Zeit, in der immer mehr Menschen unter psychischen Erkrankungen wie Angststörungen, Depres-

sionen und Burnout leiden, wird deutlich, dass diese Probleme nicht nur das individuelle Wohlbefinden beeinträchtigen, sondern auch weitreichende Auswirkungen auf die Lebensqualität und den wirtschaftlichen Erfolg haben können.

Geistige Gesundheit umfasst das emotionale, psychische und soziale Wohlbefinden eines Menschen. Sie ist die Grundlage für die Fähigkeit, mit den Herausforderungen des Lebens umzugehen, gesunde Beziehungen zu führen und die eigene Lebensqualität zu erhalten. Menschen, die unter psychischen Belastungen leiden, haben oft Schwierigkeiten, ihre täglichen Aufgaben zu bewältigen, ihre Ziele zu erreichen und sich auf ihre Arbeit zu konzentrieren. Die Folge sind verminderte Leistungen und eine höhere Fehleranfälligkeit. In einem beruflichen Umfeld, in dem Erfolg zunehmend an Leistung und Produktivität gemessen wird, kann diese Einschränkung die Karriere erheblich behindern. Ohne die nötige geistige Gesundheit können Menschen nicht ihr volles Potenzial entfalten, was sich direkt auf ihre Chancen und ihren materiellen Wohlstand auswirkt.

Die Auswirkungen von psychischen Belastungen auf den Wohlstand sind nicht nur immateriell. Langfristige mentale Erschöpfung, ausgelöst durch chronischen Stress, Angst oder Depressionen, kann zu ernsthaften gesundheitlichen Problemen führen, die wiederum die Fähigkeit zur Arbeit und damit den finanziellen Erfolg beeinträchtigen. Stress beispielsweise ist ein häufiger Auslöser für körperliche Beschwerden wie Schlafstörungen, Magen-Darm-Probleme und ein geschwächtes

Immunsystem. Diese Gesundheitsprobleme wiederum verstärken die psychischen Belastungen und führen in einen Teufelskreis, der schwer zu durchbrechen ist. Auch die zwischenmenschlichen Beziehungen leiden unter psychischen Problemen. Ein gestresster oder depressiver Mensch hat weniger Energie und Geduld, um soziale Kontakte zu pflegen, was wiederum Isolation und ein Gefühl der Einsamkeit fördern kann. In unserer Gesellschaft wird der materielle Erfolg oft als der höchste Wert angesehen. Hohe Gehälter, luxuriöse Lebensstile und berufliche Anerkennung sind oft die Messlatte für Wohlstand. Doch der Wert von Wohlstand sollte nicht nur auf das Materielle begrenzt werden. Es ist wichtig zu verstehen, dass materieller Reichtum ohne geistige Gesundheit kaum ein erfülltes Leben ermöglicht. Ein hohes Einkommen, das durch ständigen Stress und das Aufopfern der eigenen mentalen Gesundheit erreicht wird, verliert an Bedeutung, wenn der Preis dafür das persönliche Wohlbefinden ist. Ein Leben, das von Angst, Erschöpfung und innerer Unruhe geprägt ist, kann weder Freude noch Zufriedenheit bieten, selbst wenn es finanziell erfolgreich ist.

Die wachsende Verbreitung von stressbedingten Erkrankungen und Burnout in der Gesellschaft verdeutlicht die Dringlichkeit, sich mit der Bedeutung der geistigen Gesundheit auseinanderzusetzen. In vielen Fällen wird geistige Gesundheit als Luxus angesehen – eine zusätzliche Sorge, die in einer schneller werdenden Welt keinen Platz hat. Doch diese Sichtweise ist gefährlich. Ohne geistige Gesundheit ist alles andere, einschließlich materiellen Wohlstands, letztlich wertlos. Selbstfürsorge, regelmäßige Pausen, Ruhephasen und die Pflege sozialer Beziehungen sind entscheidend, um die geistige Gesundheit zu erhalten und zu fördern. Dazu gehört auch, sich bewusst Zeit für Reflexion und Entspannung zu nehmen, um emotionale Erschöpfung zu vermeiden. In einer Gesellschaft, die ständig nach mehr strebt und in der der materielle Erfolg als Maßstab für Wohlstand gilt, muss das Bewusstsein für die Bedeutung der geistigen Gesundheit gestärkt werden. Sie ist eine grundlegende Voraussetzung, um ein ausgewogenes Leben zu führen, das nicht nur finanziellen Erfolg, sondern auch persönliche Erfüllung und Wohlbefinden umfasst. Die langfristige Förderung der geistigen Gesundheit ist somit nicht nur eine Frage des individuellen Wohlergehens, sondern auch des gesellschaftlichen und wirtschaftlichen Fortschritts. Wer seine geistige Gesundheit in den Mittelpunkt stellt, schafft sowohl die Voraussetzung für persönlichen Wohlstand als auch für ein erfülltes und zufriedenes Leben.

Emotionale Gesundheit und Wohlstand:
Emotionale Gesundheit ist ein wesentlicher, jedoch oft unterschätzter Bestandteil des Wohlstands. Sie bezieht sich auf die Fähigkeit, die eigenen Gefühle zu verstehen, auf gesunde Weise auszudrücken und mit den eigenen Emotionen sowie denen anderer Menschen in einer konstruktiven Art und Weise umzugehen. Eine ausgeglichene emotionale Gesundheit hat nicht nur Auswirkungen auf das individuelle Wohlbefinden, sondern

beeinflusst auch die Qualität der zwischenmenschlichen Beziehungen und die Lebenszufriedenheit. In einer Welt, die häufig den Fokus auf materiellen Wohlstand legt, wird die emotionale Dimension des Wohlstands vernachlässigt, obwohl sie ebenso wichtig ist. Menschen, die emotional gesund sind, zeichnen sich durch ein starkes Selbstwertgefühl und eine hohe Resilienz aus. Sie sind in der Lage, schwierige Lebensphasen zu überstehen, ohne ihr inneres Gleichgewicht zu verlieren. Diese emotionale Stabilität bildet die Grundlage für ein positives Selbstbild und eine optimistische Sicht auf die Zukunft. Sie wirkt sich nicht nur auf das eigene Leben aus, sondern hat auch eine tiefgreifende Wirkung auf die Art und Weise, wie diese Menschen mit anderen interagieren. Sie können starke, gesunde Beziehungen aufbauen, die auf Vertrauen und gegenseitigem Respekt basieren. Emotionale Gesundheit fördert auch eine hohe Fähigkeit zur Selbstreflexion, die es ermöglicht, eigene Bedürfnisse, Wünsche und Ängste zu erkennen und zu verstehen. Ein ausgeprägtes Gefühl der emotionalen Gesundheit trägt darüber hinaus dazu bei, das Leben als sinnvoll zu erleben. Menschen, die ihre Emotionen verstehen und akzeptieren, sind eher in der Lage, ihre persönlichen Ziele zu verfolgen und ihr Leben mit Sinn zu füllen. Sie erleben Herausforderungen nicht als unüberwindbare Hindernisse, sondern als Chancen zur Weiterentwicklung. Die emotionale Gesundheit befähigt dazu, in schwierigen Zeiten gelassen zu bleiben und aus den Erfahrungen zu lernen, was die Lebensqualität nachhaltig steigert. Im Gegensatz dazu kann das Fehlen emotionaler Gesundheit zu einem ständigen Gefühl der Unzufriedenheit und inneren Leere führen, was das allgemeine Wohlbefinden erheblich beeinträchtigt.

Materieller Wohlstand kann die emotionale Gesundheit nicht ersetzen, sondern stellt lediglich einen äußeren Faktor dar, der den inneren Zustand nicht dauerhaft verändert. Ein übermäßiger Fokus auf den Erwerb von materiellem Reichtum kann sogar zu einer Belastung für die emotionale Gesundheit werden. Der ständige Drang nach mehr Besitz und Status kann zu einem Gefühl der Entfremdung von sich selbst und den eigenen wahren Bedürfnissen führen. Menschen, die ihr Selbstwertgefühl und ihre Lebenszufriedenheit nur über materielle Güter definieren, geraten oft in einen Teufelskreis der Unzufriedenheit und des ständigen Suchens nach mehr. Diese Art von Wohlstand kann zwar vorübergehende Zufriedenheit bieten, aber keine langfristige Erfüllung garantieren. Emotionale Gesundheit trägt zudem zur Entwicklung von Empathie und Mitgefühl bei – Eigenschaften, die für den Aufbau starker, unterstützender zwischenmenschlicher Beziehungen entscheidend sind.

In einer Gesellschaft, die oft materialistisch geprägt ist, sind diese Werte von unschätzbarem Wert. Sie fördern nicht nur persönliche Verbindungen, sondern stärken auch die sozialen Strukturen insgesamt. Menschen, die emotional gesund sind, sind in der Lage, tiefere und bedeutungsvollere Beziehungen zu erhalten, die weit über oberflächliche Interaktionen hinausgehen. Diese Beziehungen stellen eine der wertvollsten Quellen für Wohlstand dar, unabhängig von materiellem Reichtum.

Abschließend lässt sich sagen, dass emotionale Gesundheit ein grundlegender Bestandteil eines echten und nachhaltigen Wohlstands ist. Sie beeinflusst nicht nur das individuelle Wohlbefinden, sondern auch die Qualität der zwischenmenschlichen Beziehungen und das allgemeine Lebensgefühl. In einer Welt, die häufig den materiellen Erfolg in den Vordergrund stellt, ist es von zentraler Bedeutung, die eigene emotionale Gesundheit ebenso zu pflegen wie den finanziellen Wohlstand. Nur durch diese ganzheitliche Betrachtung von Wohlstand – die sowohl materielle als auch emotionale Aspekte umfasst – kann ein erfülltes und glückliches Leben erreicht werden.

Gesundheit und soziale Ungleichheit:

In der Diskussion um Wohlstand und Gesundheit kommt der sozialen Ungleichheit eine entscheidende Rolle zu. Es ist eine schmerzliche Realität, dass Menschen in wohlhabenderen Gesellschaftsschichten in der Regel einen besseren Gesundheitszustand haben als jene, die in Armut leben. Dieser Zusammenhang zwischen sozialer Benachteiligung und schlechter Gesundheit ist ein komplexes Phänomen, das tief in den sozioökonomischen Strukturen einer Gesellschaft verwurzelt ist. Gesundheit und Wohlstand sind nicht nur durch individuelle Entscheidungen oder genetische Faktoren beeinflusst, sondern auch durch systematische Barrieren, die den Zugang zu gesundheitlichen Ressourcen und eine gesunde Lebensweise stark einschränken. Armut und gesundheitliche Benachteiligung sind untrennbar miteinander verbunden. Menschen, die in prekären wirtschaftlichen Verhältnissen leben, haben oft nicht die finanziellen Mittel, um eine qualitativ hochwertige medizinische Versorgung in Anspruch zu nehmen. Dazu kommt, dass sie häufig in Umgebungen leben, die gesundheitliche Risiken bergen, wie etwa in belasteten Wohnverhältnissen oder in Regionen mit unzureichender Luftqualität. Auch der Zugang zu gesunder Ernährung ist in vielen ärmeren Vierteln eingeschränkt, was sich negativ auf die allgemeine Gesundheit auswirkt. Das Fehlen von gesunden Nahrungsmitteln, die oft teurer sind, und die Verfügbarkeit von ungesunden Lebensmitteln tragen zur Entstehung von ernährungsbedingten Krankheiten bei. Doch nicht nur der Zugang zu medizinischer Versorgung oder gesunder Ernährung ist problematisch. Menschen in Armut sind meist auch psychischen Belastungen ausgesetzt, die ihre körperliche Gesundheit beeinträchtigen. Stress, Sorgen um die finanzielle Zukunft und Unsicherheiten im Alltag können eine Vielzahl an gesundheitlichen Problemen bedingen, darunter Schlafstörungen, Depressionen, Angststörungen und ein allgemeines Gefühl der Überforderung. Diese psychischen Belastungen haben wiederum direkte Auswirkungen auf den Körper, schwächen das Immunsystem und begünstigen die Entwicklung von chronischen Krankheiten.

Diese gesundheitlichen Belastungen vergrößern nicht nur die Lücke zwischen den sozialen Klassen, sondern verstärken auch die sozialen Ungleichheiten, indem sie den betroffenen Menschen den Zugang zu besseren wirtschaftlichen und sozialen Chancen erschweren. Menschen aus benachteiligten sozialen Schichten haben nicht nur häufiger gesundheitliche Probleme, sondern auch eine geringere Lebenserwartung. Der Zusammenhang zwischen Armut und Lebenserwartung ist in vielen Studien gut dokumentiert: Wer in sozialer Not lebt, hat im Durchschnitt eine kürzere Lebenserwartung als Menschen aus wohlhabenderen Verhältnissen. Diese Unterschiede in der Lebenserwartung spiegeln die sozialen und gesundheitlichen Ungleichgewichte wider, die die gesellschaftliche Struktur prägen. Diejenigen, die krank sind oder gesundheitliche Einschränkungen haben, sind weniger in der Lage, ihre ökonomische Situation zu verbessern, was einen Teufelskreis der Armut und schlechten Gesundheit untermauern kann.

Die Ungleichheit in Bezug auf Gesundheit und Wohlstand verdeutlicht, dass Wohlstand in einer Gesellschaft nicht nur eine Frage des materiellen Reichtums ist, sondern auch des Zugangs zu Gesundheitsressourcen, einer guten medizinischen Versorgung und den grundlegenden Bedingungen für ein gesundes Leben. Wohlstand sollte nicht nur in Form von Geld, Immobilien oder Konsum gemessen werden, sondern auch an der Lebensqualität und den Chancen, die jedem Individuum offenstehen, um seine Gesundheit zu erhalten und zu fördern.

In einer gerechteren Gesellschaft sollte Wohlstand nicht nur den materiellen Reichtum umfassen, sondern auch den gleichwertigen Zugang zu Gesundheitsdiensten, gesunden Lebensmitteln und einem unterstützenden sozialen Umfeld. Ein wirklich ganzheitliches Verständnis von Wohlstand geht weit über das Streben nach finanziellem Reichtum hinaus und umfasst die Förderung von körperlichem und geistigem Wohlbefinden. In einer idealen Gesellschaft sind Gesundheit und Wohlstand untrennbar miteinander verbunden. Das bedeutet, dass jeder Mensch, unabhängig von seiner sozialen Herkunft, die Möglichkeit haben muss, ein gesundes Leben zu führen. Der Zugang zu medizinischer Versorgung, gesunder Ernährung, Sportmöglichkeiten und einem gesunden Lebensumfeld ist nicht nur ein Luxus, sondern ein grundlegendes Recht, das in einer wohlhabenden Gesellschaft allen Menschen zusteht. Um diese Gleichheit in Bezug auf Gesundheit und Wohlstand zu erreichen, ist ein struktureller Wandel notwendig. Es bedarf einer Politik, die die Ursachen sozialer Ungleichheit bekämpft und sicherstellt, dass jeder Mensch, unabhängig von seiner sozialen oder wirtschaftlichen Lage, die Chance auf ein gesundes Leben hat. Dazu gehören Maßnahmen wie die Förderung von Bildung, der Ausbau öffentlicher Gesundheitsdienste, die Unterstützung von Armutsbekämpfungsprogrammen und die Schaffung eines gerechteren Zugangs zu gesunder Ernährung und sicheren Lebensbedingungen.

In einer Gesellschaft, die diesen Wandel vollzieht, wird Gesundheit nicht länger als Privileg betrachtet, das nur den Wohlhabenden vorbehalten ist, sondern als grundlegendes Element des Wohlstands, das für alle zugänglich sein muss. Letztlich zeigt sich, dass wahre gesellschaftliche Wohlstandsgleichheit nur dann erreicht werden kann, wenn alle Mitglieder einer Gesellschaft die gleichen Chancen haben, ihre Gesundheit zu erhalten und zu fördern.

Folgerung:
Gesundheit als zentraler Wohlstandsparameter:
Die eingehende Untersuchung der Rolle von Gesundheit als Wohlstandsparameter verdeutlicht, dass materieller Reichtum allein nicht den wahren Schlüssel zu einem erfüllten Leben darstellt. Während finanzielle Mittel und materielle Besitztümer in vielen Bereichen des Lebens eine Rolle spielen und für die Befriedigung grundlegender Bedürfnisse notwendig sind, bildet Gesundheit das Fundament, auf dem wahre Lebensqualität aufbaut. Sie ist der Ausgangspunkt für ein erfülltes und sinnstiftendes Leben und durchdringt alle Dimensionen des Wohlstands – von der körperlichen und geistigen Gesundheit bis hin zur emotionalen und sozialen Stabilität.

Ein zentraler Aspekt dieses Verständnisses von Wohlstand ist die Erkenntnis, dass jeder Bereich unseres Lebens von unserer Gesundheit beeinflusst wird. Unsere körperliche Gesundheit hat direkte Auswirkungen auf unsere Fähigkeit, produktiv zu arbeiten, körperlich aktiv zu sein und unseren täglichen Aufgaben nachzukommen. Ebenso befähigt die geistige Gesundheit, klare Entscheidungen zu treffen, stressige Situationen zu bewältigen und unsere Lebensziele zu verfolgen. Die emotionale Stabilität, die eng mit der geistigen Gesundheit verbunden ist, spielt eine bedeutende Rolle dabei, wie wir mit Herausforderungen umgehen und wie zufrieden wir mit unserem Leben insgesamt sind. Auch unsere zwischenmenschlichen Beziehungen, die für viele Menschen ein wesentlicher Bestandteil des Wohlstands sind, basieren auf unserer Fähigkeit, uns selbst und andere emotional zu pflegen und zu unterstützen. In der heutigen Gesellschaft, die oft materiellen Erfolg als das höchste Ziel propagiert, ist es dringend notwendig, Gesundheit als Wohlstandsparameter neu zu bewerten. In einer Welt, in der die Jagd nach materiellen Gütern und der Erwerb von Reichtum oft als Maßstab für den Erfolg gilt, muss die ganzheitliche Perspektive auf Wohlstand wiedergewonnen werden.

Ein gesundes Leben ist nicht nur die Abwesenheit von Krankheit, sondern erfordert ein aktives Streben nach Wohlbefinden auf allen Ebenen – körperlich, geistig und emotional. Gesundheit ist somit der Schlüssel, um ein Leben zu führen, das nicht nur von äußerem Erfolg, sondern auch von innerer Erfüllung geprägt ist. Die Erkenntnis, dass Wohlstand weit über materielle Güter hinausgeht, hat weitreichende gesellschaftliche Implikationen. Sie legt nahe, dass wir als Gesellschaft eine ganzheitliche Perspektive einnehmen müssen, die nicht nur finanzielle Aspekte berücksichtigt, sondern auch die Förderung eines gesunden Lebensstils in den Vordergrund stellt. Ein solcher Lebensstil inkludiert eine ausgewogene Ernährung und regelmäßige Bewegung, ebenso wie ausreichend Zeit für Selbstfürsorge, soziale Interaktionen und das Streben nach persönlichem Wachstum. Dieser Ansatz fördert nicht nur das individuelle Wohlbefinden, sondern trägt auch dazu bei, das soziale Gefüge zu stärken und den sozialen Zusammenhalt zu fördern.

Gesundheit als Wohlstandsparameter impliziert auch, dass soziale Ungleichheit, die sich häufig in gesundheitlichen Disparitäten manifestiert, angegangen werden muss. In vielen Gesellschaften sind es vor allem benachteiligte Gruppen, die nicht die gleichen Chancen auf ein gesundes Leben haben wie wohlhabendere Teile der Bevölkerung. Der Zugang zu hochwertiger Gesundheitsversorgung, gesunden Lebensmitteln, ausreichendem Wohnraum und einem sicheren Umfeld ist nicht für alle Menschen gleichermaßen gewährleistet. Diese Ungleichheit muss überwunden werden, um allen Menschen die gleichen Chancen auf ein gesundes und erfülltes Leben zu ermöglichen. Eine gerechtere Gesellschaft, die sich aktiv um die Gesundheitsversorgung und das Wohlbefinden aller Mitglieder kümmert, wird langfristig nicht nur materiellen Wohlstand erreichen, sondern auch sozialen und emotionalen Wohlstand schaffen.

Zusammenfassend lässt sich feststellen, dass Gesundheit der wahre Wohlstandsparameter ist. Sie ist die Grundlage für ein erfülltes Leben, das nicht nur materiellen Erfolg umfasst, sondern auch geistige, emotionale und soziale Erfüllung. Um einen nachhaltigen Wohlstand zu erreichen, müssen wir Gesundheit nicht nur als das Fehlen von Krankheit verstehen, sondern als einen umfassenden Zustand des Wohlbefindens, der alle Dimensionen des Lebens einbezieht. Indem wir die körperliche und geistige Gesundheit fördern, können wir einen Wohlstand kreieren, der für alle zugänglich ist und langfristig zu einer gerechteren und nachhaltigeren Gesellschaft führt.

Materielle Güter mögen kurzfristige Zufriedenheit herstellen, doch sie können niemals die tiefere Erfüllung und das dauerhafte Glück ersetzen, das aus einem gesunden, ausgewogenen Leben resultiert.

Kapitel 4

BILDUNG ALS SCHLÜSSEL ZUM WOHLSTAND

Einleitung:
Bildung wird weltweit als einer der grundlegenden Pfeiler des Wohlstands angesehen. Sie ist ein zentraler Faktor für die individuelle Entfaltung, den gesellschaftlichen Fortschritt und den wirtschaftlichen Erfolg. Bildung bietet nicht nur die Möglichkeit, Wissen zu erwerben, sondern auch die Chance, dieses Wissen aktiv zu nutzen, um das eigene Leben zu gestalten und zur positiven Entwicklung der Gesellschaft beizutragen. In einer Zeit, in der Wissen und Fähigkeiten zunehmend die wertvollsten Ressourcen in der globalen Wirtschaft darstellen, wird der Zugang zu qualitativ hochwertiger Bildung immer wichtiger. Auf individueller Ebene wirkt Bildung als Schlüssel, der den Weg zu persönlichen und beruflichen Chancen ebnet. Sie eröffnet nicht nur den Zugang zu besseren Arbeitsplätzen, sondern fördert auch das soziale Ansehen und die Lebensqualität eines Menschen. Durch Bildung werden Menschen befähigt, ihre Talente und Potenziale zu erkennen und weiterzuentwickeln. Dies führt zu einer stärkeren Selbstverwirklichung und erhöht die Fähigkeit, in einer zunehmend komplexen Welt Entscheidungen zu treffen und Verantwortung zu übernehmen. Dies gilt

nicht nur im beruflichen Kontext, sondern auch im persönlichen und sozialen Leben. Menschen mit einer höheren Bildung genießen in der Regel bessere gesundheitliche und soziale Bedingungen, was zu einem insgesamt höheren Lebensstandard führt. Bildung spielt jedoch nicht nur auf individueller Ebene eine zentrale Rolle, sie hat auch weitreichende gesellschaftliche Implikationen. Sie ist ein wesentlicher Motor für soziale Mobilität und kann dazu beitragen, bestehende Ungleichheiten zu überwinden. Menschen, die Zugang zu Bildung haben, können aus prekären sozialen und wirtschaftlichen Verhältnissen aufsteigen und Chancen auf ein besseres Leben wahrnehmen. Bildung ermöglicht es den Menschen, sich von den Fesseln ihrer Herkunft zu befreien und aktiv am gesellschaftlichen und wirtschaftlichen Leben teilzuhaben. Gesellschaften, die Bildung fördern und zugänglich machen, sind in der Regel stabiler, wohlhabender und sozial gerechter, da sie eine größere Chancengleichheit offenbaren und die soziale Kluft verringern. In einer globalisierten und technologisierten Welt ist der Zugang zu Bildung und die Förderung von Wissens- und Kompetenzentwicklung entscheidend für die wirtschaftliche Wettbewerbsfähigkeit von Nationen. Bildungssysteme, die auf die Entwicklung von Fähigkeiten und Innovationen ausgerichtet sind, können nicht nur das individuelle Wohl, sondern auch das kollektive Wohlergehen fördern. Dabei ist es von zentraler Bedeutung, dass Bildung allen Menschen offensteht, unabhängig von ihrem sozialen, wirtschaftlichen oder geografischen Hintergrund.

In diesem Kapitel werden wir die Rolle der Bildung im Kontext des Wohlstands eingehend untersuchen. Wir werden den direkten Zusammenhang zwischen Bildungsgrad und wirtschaftlicher sowie sozialer Mobilität analysieren und herausarbeiten, wie Bildung den sozialen Aufstieg erlaubt und gleichzeitig den Wohlstand auf nationaler und globaler Ebene steigert. Zudem werden wir die unterschiedlichen Bildungszugänge und -barrieren thematisieren und Lösungen diskutieren, wie die Herausforderungen im Bildungsbereich überwunden werden können. Wir werden aufzeigen, welche vielfältigen Möglichkeiten Bildung den Einzelnen bietet, ihr volles Potenzial zu entfalten, und wie sie als Triebkraft für sozialen und wirtschaftlichen Wandel fungiert. Dabei werden sowohl die positiven Effekte als auch die Hindernisse auf dem Weg zu einer besseren und gerechteren Bildung betrachtet.

Bildung als grundlegendes Menschenrecht:
Bildung ist weit mehr als ein individuelles Bedürfnis – sie ist ein fundamentales Menschenrecht. Die *Allgemeine Erklärung der Menschenrechte*, die 1948 von der Vereinten Nationen verabschiedet wurde, bekräftigt das Recht jedes Menschen auf Bildung und verdeutlicht somit, dass Bildung nicht nur als persönlicher Vorteil, sondern als essenzielle Grundlage für die Entfaltung der menschlichen Fähigkeiten sowie für die Teilhabe an der Gesellschaft betrachtet wird. Bildung ermöglicht es den Menschen, ein besseres Verständnis für die Welt zu entwickeln, kritisches Denken zu fördern, und befähigt

sie, informierte Entscheidungen zu treffen, die sowohl ihr eigenes Leben als auch das ihrer Gemeinschaft positiv beeinflussen können. Der Zugang zu Bildung ist ein Schlüssel zur persönlichen und gesellschaftlichen Entwicklung. Er eröffnet die Möglichkeit, Wissen und Fähigkeiten zu erwerben, die für die berufliche Karriere, das soziale Engagement und das persönliche Wohl entscheidend sind. Doch trotz der universellen Bedeutung von Bildung bleibt der Zugang in vielen Teilen der Welt stark eingeschränkt. Insbesondere in Entwicklungsländern sind soziale, wirtschaftliche und kulturelle Barrieren dafür verantwortlich, dass der Zugang zu hochwertiger Bildung für große Teile der Bevölkerung verwehrt bleibt. Diese Barrieren sind vielfältig und reichen von finanziellen Hürden bis hin zu kulturellen Normen, die z. B. den Bildungsweg von Mädchen und Frauen einschränken. Auch geografische Isolation, unzureichende Bildungseinrichtungen und die mangelnde Verfügbarkeit qualifizierter Lehrer sind relevante Hindernisse. In vielen ländlichen Gebieten oder Kriegsregionen sind Schulen entweder nicht vorhanden oder völlig überlastet, was es für Kinder nahezu unmöglich macht, eine fundierte Ausbildung zu erhalten. Die Folgen dieser Ungleichheiten sind tiefgreifend und führen zu einem Teufelskreis, in dem Armut, Bildungslosigkeit und soziale Ausgrenzung miteinander verknüpft sind.

Menschen, die keinen Zugang zu Bildung haben, sind in der Regel stärker von Armut betroffen und haben wenig Aussicht auf eine Verbesserung ihrer Lebenssituation. Ohne Bildung fehlt nicht nur das notwendige

Wissen für einen Beruf, sondern auch die Fähigkeit, die eigenen Rechte zu erkennen und sich für sie einzusetzen. Diese Armut führt wiederum dazu, dass zukünftige Generationen ebenfalls von einer guten Bildung ausgeschlossen bleiben, was den Teufelskreis fortsetzt. Um jedoch echten Wohlstand zu erreichen – sowohl auf individueller als auch auf gesellschaftlicher Ebene – muss der Zugang zu Bildung für alle Menschen gewährleistet werden. Es reicht nicht aus, Bildung als theoretisches Recht zu deklarieren; sie muss in der Praxis für alle zugänglich sein, unabhängig von der sozialen, ökonomischen oder kulturellen Herkunft. Nur durch Investitionen in die Bildung können die Ursachen von Armut langfristig bekämpft und die Grundlagen für eine gerechtere Gesellschaft geschaffen werden. Bildung ist ein Schlüssel zur Verbesserung der Lebensqualität und zur Förderung von sozialer Gerechtigkeit. Sie befähigt Individuen nicht nur zu wirtschaftlichem Erfolg, sondern auch zu einer aktiven und verantwortungsbewussten Teilnahme an der Gesellschaft. Wer Zugang zu Bildung hat, ist in der Lage, seine eigenen Ziele zu definieren, seine Rechte zu verstehen und zu verteidigen und auf gesellschaftliche Herausforderungen konstruktiv zu reagieren. Der umfassende Zugang zu Bildung ist somit die Grundlage für die Entwicklung einer nachhaltigen und fairen Welt, in der jeder Mensch sein volles Potenzial entfalten kann.

Der Zusammenhang zwischen Bildung und wirtschaftlicher Mobilität:
Bildung ist ein Faktor, der nicht nur das individuelle Wohlstandspotenzial beeinflusst, sondern auch die wirtschaftliche Mobilität eines gesamten Landes oder einer Gesellschaft stärkt. Der direkte Zusammenhang zwischen dem Bildungsgrad einer Person und ihrer Fähigkeit, in der Wirtschaft voranzukommen, ist unbestreitbar. Es wird immer wieder deutlich, dass Menschen mit einem höheren Bildungsniveau bessere Chancen auf dem Arbeitsmarkt haben, höhere Löhne erzielen und seltener von Arbeitslosigkeit betroffen sind. Dieser Zusammenhang ist jedoch weit mehr als eine bloße Korrelation – er reflektiert tiefgehende gesellschaftliche und wirtschaftliche Strukturen. Ein entscheidender Aspekt ist die Tatsache, dass Menschen mit höherer Bildung in der Regel Zugang zu besser bezahlten und qualifizierteren Arbeitsplätzen haben. Studien belegen, dass Personen mit einem Hochschulabschluss im Durchschnitt deutlich mehr verdienen als ihre Kollegen mit einem niedrigeren Bildungsniveau. Diese Lohnunterschiede resultieren nicht nur aus spezifischen Fachkenntnissen, die auf höherem Bildungsniveau erworben werden, sondern auch aus der Tatsache, dass der Arbeitsmarkt zunehmend von spezialisierten, gut ausgebildeten Fachkräften dominiert wird. Die fortschreitende Technologisierung und die damit verbundenen Veränderungen in der Wirtschaft erfordern von den Arbeitnehmenden eine kontinuierliche Anpassung ihrer Fähigkeiten. Während viele traditionelle Berufe automatisiert werden

oder neue, hochspezialisierte Positionen entstehen, ist eine fundierte Bildung von zentraler Bedeutung, um mit den sich ständig wandelnden Anforderungen Schritt zu halten. In einer globalisierten Wirtschaft ist der Wettbewerb um qualifizierte Arbeitskräfte zudem intensiver geworden. Der Zugang zu besser bezahlten und stabileren Arbeitsplätzen ist daher oft davon abhängig, wie gut jemand auf die globalen Veränderungen reagieren kann. Menschen mit fundierter Ausbildung und speziellen Qualifikationen können sich nicht nur leichter auf die Anforderungen des Marktes einstellen, sondern auch von den Chancen profitieren, die sich in verschiedenen Teilen der Welt bieten. Sie haben eine größere Flexibilität, sich neue berufliche Perspektiven zu erschließen oder internationale Karrierewege zu verfolgen, was ihre wirtschaftliche Mobilität weiter steigert.

Doch der Einfluss von Bildung auf wirtschaftliche Mobilität geht weit über den Zugang zu gut bezahlten Arbeitsplätzen hinaus. Bildung fördert auch unternehmerisches Denken und die Fähigkeit, innovative Ideen umzusetzen. Personen, die gut ausgebildet sind, besitzen nicht nur das nötige Wissen, sondern auch die Kreativität und die Risikobereitschaft, um eigene Unternehmen zu gründen oder bestehende Unternehmen zu führen. Unternehmerische Tätigkeit ist ein wesentlicher Motor für wirtschaftliches Wachstum, da neue Unternehmen Arbeitsplätze schaffen, die Innovationskraft der Wirtschaft stärken und zur Diversifikation der Wirtschaft beitragen. In vielen Fällen sind es gut ausgebildete Menschen, die durch ihre innovativen Ideen und ihr unternehmerisches Engagement neue Märkte erschließen und damit die Wettbewerbsfähigkeit ihrer Region oder ihres Landes steigern.

Darüber hinaus hat der Zugang zu höherer Bildung nicht nur Auswirkungen auf das individuelle Wohlstandsniveau, sondern auch auf die wirtschaftliche und soziale Struktur einer Gesellschaft insgesamt. Eine hohe Bildungsrate bedeutet eine starke Mittelschicht, eine bessere soziale Mobilität und eine geringere Einkommensungleichheit. In Gesellschaften, in denen Bildung weit verbreitet und zugänglich ist, ist es wahrscheinlicher, dass auch Menschen aus weniger privilegierten Verhältnissen die Möglichkeit haben, ihren Lebensstandard zu verbessern. Dies fördert nicht nur die wirtschaftliche Mobilität auf individueller Ebene, sondern trägt auch zur sozialen Kohäsion und zum allgemeinen Wohlstand bei. Eine gut ausgebildete Bevölkerung ist zudem besser in der Lage, die Herausforderungen der Zukunft zu bewältigen.

In einer Welt, die zunehmend von Digitalisierung, Automatisierung und globaler Vernetzung geprägt ist, stellt Bildung einen Schlüssel dar, um den zukünftigen Anforderungen gerecht zu werden. Bildung fördert kritisches Denken, Problemlösungsansätze und die Fähigkeit, eine zunehmend komplexe Welt erfolgreich zu navigieren. Sie trägt dazu bei, dass Individuen und Gesellschaften in der Lage sind, sich schnell an neue wirtschaftliche Bedingungen anzupassen, technologische Veränderungen zu integrieren und langfristigen Wohlstand zu sichern. Bildung ist damit nicht nur eine individuelle Ressource, sondern auch ein gesellschaftliches Kapital, das maßgeblich zur Schaffung einer stabilen und nachhaltigen Wirtschaft beiträgt. Sie spielt eine Schlüsselrolle dabei, die Kluft zwischen verschiedenen sozialen Gruppen zu verringern und das Potenzial für Aufstieg und Erfolg zu erweitern.

In einer Zeit, in der die Weltwirtschaft ständig im Wandel ist, bleibt Bildung der wichtigste Faktor für wirtschaftliche Mobilität und die Sicherstellung einer langfristigen Prosperität für Individuen und Gesellschaften gleichermaßen.

Bildung und soziale Mobilität:

Bildung ist zentral für die soziale Mobilität, die die Fähigkeit von Individuen oder Gruppen beschreibt, ihren sozialen Status im Laufe ihres Lebens zu verändern. Soziale Mobilität ist ein wesentliches Element für eine dynamische und gerechte Gesellschaft, da sie den Menschen die Möglichkeit gibt, über ihre Herkunft hinauszuwachsen und in höhere soziale Schichten aufzusteigen. Dabei ist Bildung der wichtigste Faktor, der es Menschen ermöglicht, von benachteiligten Verhältnissen in ein besseres soziales und wirtschaftliches Umfeld zu gelangen. Der Zusammenhang zwischen Bildung und sozialer Mobilität ist nicht nur theoretisch, sondern durch zahlreiche empirische Studien belegt. Bildung öffnet Türen zu besseren Arbeitsplätzen, höherem Einkommen und besseren Lebensbedingungen. Ein höherer Bildungsgrad steigert nicht nur die beruflichen Chancen, sondern führt auch zu einem stärkeren gesellschaftlichen Einfluss und einer verbesserten sozialen Stellung. Es zeigt sich, dass Menschen mit einer höheren Bildung häufiger in sozialen Kreisen verkehren, die mit weiteren Chancen und Netzwerken verbunden sind. Diese sozialen Verbindungen sind meist ein Schlüssel zum beruflichen und persönlichen Erfolg, da sie den Zugang zu wertvollen Informationen, beruflichen Möglichkeiten und unterstützenden Kontakten erleichtern. Darüber hinaus bietet Bildung nicht nur den Zugang zu wirtschaftlichen Ressourcen, sondern trägt auch dazu bei, die sozialen und kulturellen Barrieren zu überwinden, die in vielen Gesellschaften die Mobilität einschränken. In Gesellschaften mit stark ausgeprägten sozialen Hierarchien und strukturellen Ungleichgewichten kann Bildung als eine Art Brücke fungieren, um diese Barrieren zu überwinden und soziale Grenzen zu durchbrechen. So kann eine gut ausgebildete Person nicht nur bessere berufliche Perspektiven nutzen, sondern auch ihre sozialen Verhältnisse und ihren Lebensstandard nachhaltig verbessern. Ein gut ausgebildeter Mensch kann über den Arbeitsmarkt hinaus auf ein erweitertes soziales Netzwerk zurückgreifen, das ihn unterstützt und zusätzliche Möglichkeiten eröffnet. Bildung bedeutet eine breitere gesellschaftliche Vernetzung, was in der heutigen globalisierten Welt von unschätzbarem Wert ist. Über soziale Netzwerke gelangen Informationen, Ideen und berufliche Chancen zu den Individuen, was ihre berufliche Weiterentwicklung und ihre soziale Integration unterstützt. Zudem wirkt sich Bildung auf die gesamte Gesellschaft aus. Gesellschaften mit höherem Bildungsniveau tendieren dazu, soziale Ungleichheiten abzubauen und eine gerechtere Verteilung von Ressourcen und Chancen zu fördern. Bildung kann somit einen grundlegenden Beitrag zu einer inklusiveren und gleichberechtigten Gesellschaft leisten, in der jeder, unabhängig von Herkunft oder sozialem Status, die Möglichkeit hat, sich weiterzuentwickeln und die eigene Lebenssituation zu verbessern.

Die Bedeutung von Bildung für die soziale Mobilität ist besonders ausgeprägt in Gesellschaften, in denen die sozialen Schichten stark voneinander getrennt sind und der Zugang zu Ressourcen ungleich verteilt ist. In solchen Kontexten ermöglicht Bildung es den Menschen, aus benachteiligten Verhältnissen herauszukommen und sich in höhere soziale Schichten zu integrieren. Sie fungiert als eine Art Aufstiegsmotor. Besonders in Kulturen, in denen Armut und soziale Benachteiligung über Generationen hinweg weitergegeben werden, kann Bildung zur Überwindung dieses Kreislaufs dienen. Die positive Wirkung von Bildung auf die soziale Mobilität ist jedoch nicht nur eine individuelle Angelegenheit. In einer Gesellschaft, die Bildung als zentrales Gut betrachtet, profitieren auch die Gemeinschaften und die Gesellschaft insgesamt von einem höheren Bildungsniveau. Gut ausgebildete Bürger sind in der Lage, aktiv an der Gestaltung des sozialen, politischen und wirtschaftlichen Lebens teilzunehmen. Sie können soziale und wirtschaftliche Herausforderungen besser bewältigen, Innovationen fördern und die Gesellschaft insgesamt voranbringen. Bildung hat auch eine langfristige Auswirkung auf die gesellschaftliche Entwicklung. In vielen Kulturen wird sie als das beste Mittel angesehen, um den Kreislauf der Armut zu durchbrechen und eine bessere Zukunft für kommende Generationen zu schaffen. Durch Bildung wird nicht nur das individuelle Leben verbessert, sondern es entstehen auch Chancen für die gesamte Gesellschaft, sich nachhaltig zu entwickeln und soziale Gerechtigkeit zu fördern. Eine gut gebildete Gesellschaft ist besser gerüstet, mit den Herausforderungen der Zukunft umzugehen, sei es im Hinblick auf wirtschaftliche Krisen, technologische Veränderungen oder gesellschaftliche Umbrüche.

Zusammenfassend lässt sich sagen, dass Bildung ein individueller Erfolgsfaktor ebenso wie eine gesellschaftliche Schlüsselressource ist, die die soziale Mobilität fördert. Bildung trägt zu einer gerechteren und inklusiveren Gesellschaft bei, in der Chancengleichheit und der Zugang zu Ressourcen für alle Menschen gegeben sind.

In einer Welt, die sich ständig wandelt und in der soziale Ungleichheiten noch immer bestehen, bleibt Bildung der wichtigste Schlüssel für den sozialen Aufstieg und, um die Zukunft für kommende Generationen zu gestalten.

Bildung als Motor für gesellschaftliche Entwicklung: Der Einfluss von Bildung auf den Wohlstand einer Gesellschaft ist nicht nur auf das individuelle Wohl beschränkt. Sie erstreckt sich weit darüber hinaus und beeinflusst alle Bereiche des sozialen und wirtschaftlichen Lebens. Bildung ist der Schlüssel zu einer erfolgreichen und nachhaltigen Gesellschaft. Sie hat tiefgreifende Auswirkungen auf das soziale Gefüge und ist unverzichtbar für die Entwicklung von Gemeinschaften. Die Verfügbarkeit von Bildung und ihre Qualität bestimmen, wie effektiv Menschen ihre Potenziale entfalten und wie gut sie in der Lage sind, zur Lösung globaler Herausforderungen beizutragen. Gut ausgebildete Individuen erweitern nicht nur ihren eigenen Wohlstand, sondern bedingen auch direkt das Wohl der Gesellschaft. Sie sind aktiver in ihrer Gemeinschaft, übernehmen Verantwortung und setzen sich für das Gemeinwohl ein. Bildung fördert das Bewusstsein und die Bereitschaft, sich an politischen und gesellschaftlichen Prozessen zu beteiligen. Ein tiefes Verständnis für gesellschaftliche Probleme wie Armut, soziale Ungleichheit und Diskriminierung kann nur durch Bildung entstehen. Menschen, die Zugang zu Wissen und Informationen haben, sind in der Lage, diese Probleme zu erkennen und Lösungen zu erarbeiten, die nicht nur den eigenen Vorteil, sondern auch das Gemeinwohl im Blick haben. Ein gut ausgebildeter Bürger kann kritisch denken, verschiedene Perspektiven berücksichtigen und fundierte Entscheidungen treffen. Diese Fähigkeit ist in einer komplexer werdenden Welt von entscheidender Bedeutung. Ob es um die Entscheidung geht, an Wahlen teilzunehmen, gesellschaftliche Bewegungen zu unterstützen oder sich für Umwelt- und Klimaschutz einzusetzen – all diese Handlungen setzen ein hohes Maß an Wissen und Verantwortungsbewusstsein voraus. Bildung befähigt den Einzelnen, eine zunehmend vernetzte Welt zu navigieren, Zusammenhänge zu verstehen und aktiv an der Gestaltung einer gerechten und inklusiven Gesellschaft zu partizipieren. Zudem trägt Bildung zur Förderung von sozialer Kohäsion und politischer Stabilität bei. Eine informierte und gut ausgebildete Bevölkerung ist weniger anfällig für Extremismus, Vorurteile oder Missverständnisse, da sie divergierende Meinungen versteht und respektvoll diskutiert. Dies stärkt die sozialen Bindungen innerhalb einer Gesellschaft und fördert den Dialog zwischen verschiedenen kulturellen, sozialen und politischen Gruppen. Darüber hinaus stößt Bildung das Engagement in politischen und zivilgesellschaftlichen Prozessen an, da gebildete Menschen eher geneigt sind, sich für ihre Rechte und die Rechte anderer einzusetzen und an der Gestaltung des öffentlichen Lebens teilzuhaben.

Bildung ist ebenso ein entscheidender Motor für Innovation und wirtschaftlichen Fortschritt. Bildungseinrichtungen sind oft Brutstätten für neue Ideen, die sowohl technologischen als auch gesellschaftlichen Fortschritt vorantreiben. In einer wissensbasierten Wirtschaft sind gut ausgebildete Fachkräfte und Experten in der Lage, neue Technologien zu entwickeln, innovative Lösungen zu finden und bestehende Geschäftsmodelle zu revolutionieren. Dies ist besonders wichtig in einer Zeit, in der der technologische Wandel und die Digitalisierung rapide voranschreiten und neue wirtschaftliche Möglichkeiten sowie Herausforderungen mit sich bringen.

Darüber hinaus trägt Bildung maßgeblich zur Bewältigung globaler Krisen bei, insbesondere in Bereichen wie dem Klimawandel, der Ressourcenknappheit und sozialen Ungleichheiten. In einer Welt, in der die Auswirkungen von Umweltzerstörung und wirtschaftlicher Instabilität zunehmend spürbar sind, ist es von entscheidender Bedeutung, dass die Gesellschaft über das nötige Wissen und die Fähigkeiten verfügt, um Lösungen zu entwickeln. Nur durch Bildung können wir die Dringlichkeit und die Komplexität dieser Probleme verstehen und innovative und nachhaltige Lösungen finden, die für zukünftige Generationen tragfähig sind. Bildung befähigt uns nicht nur, auf die Herausforderungen der Gegenwart zu reagieren, sondern auch proaktiv die Zukunft zu gestalten und dabei die Prinzipien der Gerechtigkeit, Nachhaltigkeit und Chancengleichheit zu wahren.

Ein besonders wichtiger Aspekt der Bildung ist ihre Rolle in der Förderung von unternehmerischem Denken und Kreativität. Bildungsinstitutionen bieten grundlegendes Wissen, aber auch die Möglichkeit, unternehmerische Fähigkeiten zu entwickeln, die in der heutigen globalisierten Welt immer wichtiger werden. Innovationskraft, Problemlösungsfähigkeit und kreative Denkansätze sind essenzielle Bestandteile einer zukunftsfähigen Wirtschaft. Bildungsprogramme, die den Fokus auf praktische Fähigkeiten und unternehmerisches Denken legen, fördern die Gründung von Start-ups, die Entwicklung neuer Märkte und die Schaffung von Arbeitsplätzen, was wiederum den Wohlstand einer Gesellschaft steigert.

Zusammenfassend lässt sich sagen, dass Bildung weit mehr ist als nur ein individuelles Entwicklungsmittel.

Sie ist ein entscheidender Faktor für das langfristige Wohlergehen einer Gesellschaft. Sie fördert nicht nur die persönliche Entfaltung, sondern ist auch der Motor für sozialen Zusammenhalt, politische Teilhabe und wirtschaftliche Innovation. Bildung trägt dazu bei, eine informierte, verantwortungsbewusste und engagierte Gesellschaft zu schaffen, die in der Lage ist, die Herausforderungen der Gegenwart zu bewältigen und eine nachhaltige und gerechte Zukunft für alle zu gestalten. Nur durch die Investition in Bildung können wir sicherstellen, dass kommende Generationen die Fähigkeit besitzen, die komplexen Probleme der Zukunft zu lösen und den Weg für eine prosperierende Gesellschaft zu ebnen.

Der Einfluss von Bildung auf die Gesundheit:

Der Zusammenhang zwischen Bildung und Gesundheit ist ein oft unterschätztes, aber äußerst wichtiges Thema, das tiefgreifende Auswirkungen auf das individuelle Wohlbefinden sowie auf die Gesellschaft als Ganzes hat. Er zeigt sich in verschiedenen Dimensionen, die sowohl direkte als auch indirekte Effekte umfassen. Menschen mit einer höheren Bildung haben nicht nur ein besseres Gesundheitsbewusstsein, sondern sind auch eher in der Lage, präventive Maßnahmen zu ergreifen, rechtzeitig medizinische Hilfe in Anspruch zu nehmen und informierte Entscheidungen über ihren Lebensstil zu treffen. Zunächst einmal profitieren gut ausgebildete Menschen in der Regel von einem höheren Gesundheitsbewusstsein. Sie verstehen die Zusammenhänge zwischen Ernährung, Bewegung und Prävention von Krankheiten besser und sind eher bereit, gesunde Gewohnheiten in ihren Alltag zu integrieren. Dies reflektiert sich in einer besseren Ernährung, häufigerem Sport und einem ausgewogeneren Lebensstil. Viele Studien belegen, dass Personen, die über ein hohes Maß an Bildung verfügen, weniger risikobehafteten Verhaltensweisen wie Rauchen oder übermäßigem Alkoholkonsum nachgehen. Darüber hinaus können sie oft Symptome von Krankheiten frühzeitig erkennen und medizinische Hilfe in Anspruch nehmen, was eine schnellere Diagnose und damit eine bessere Prognose wahrscheinlicher macht.

Ein weiterer Vorteil, den gut ausgebildete Menschen genießen, ist der verbesserte Zugang zu Gesundheitsdiensten. Diese Personengruppen sind nicht nur besser informiert über die Bedeutung von Gesundheitsvorsorge, sondern haben auch häufiger die finanziellen und sozialen Mittel, um regelmäßige Arztbesuche, Vorsorgeuntersuchungen und spezialisierte Behandlungen wahrzunehmen. Sie verfügen über eine bessere gesundheitliche Versorgung durch ihre berufliche Stellung oder ihre soziale Integration, die es ihnen ermöglichen, schneller und unkomplizierter auf medizinische Dienstleistungen zuzugreifen. Die Schaffung eines stabilen sozialen Netzwerks, das auch die Unterstützung im Krankheitsfall umfassen kann, ist ein weiterer Faktor, der den Zugang zu und die Nutzung von Gesundheitsressourcen erleichtert.

Statistische Daten unterstreichen, dass Menschen mit höherem Bildungsniveau im Durchschnitt eine längere Lebenserwartung haben und weniger an chronischen Erkrankungen leiden. Diese Unterschiede in der Lebenserwartung und der Gesundheit sind in vielen Fällen auf die oben genannten Faktoren zurückzuführen. Neben einem besseren Zugang zu Gesundheitsdiensten und einem gesünderen Lebensstil spielt auch das Einkommen eine wesentliche Rolle. Höher ausgebildete Menschen haben häufiger gut bezahlte Jobs, die es ihnen erlauben, in gesunde Lebensmittel, regelmäßige Bewegung und eine allgemeine Lebensqualität zu investieren, die mit einer besseren Gesundheit einhergehen. So sind sie weniger anfällig für Krankheiten, die in sozial schwächeren Gruppen weit verbreitet sind, wie z. B. Herz-Kreislauf-Erkrankungen oder Diabetes.

Ein besonders wichtiger Aspekt in diesem Zusammenhang ist die Rolle von Bildung bei der Bekämpfung von Gesundheitsungleichheiten. Menschen mit niedrigem Bildungsniveau sind oft einem schlechteren Gesundheitszustand ausgesetzt, was sich in höheren Raten an chronischen Krankheiten, psychischen Belastungen und schlechteren Lebensbedingungen widerspiegelt. Dies liegt nicht nur an einem mangelnden Wissen über gesundheitsförderliche Verhaltensweisen, sondern auch an einem begrenzten Zugang zu medizinischen Ressourcen und einer schlechteren sozialen Unterstützung. Bildungsinitiativen, die den Zugang zu gesundheitlichem Wissen und Ressourcen fördern, können diesen Ungleichheiten entgegenwirken. Wenn Menschen Zugang zu Bildung haben, erwerben sie nicht nur Wissen über die Bedeutung von Gesundheit, sondern auch die Fähigkeit, diesen Zugang aktiv zu nutzen und zu verbessern.

Bildung unterstützt also nicht nur das individuelle Gesundheitsbewusstsein, sondern trägt auch zur Schaffung einer gesünderen Gesellschaft bei. Durch die Verbesserung der Bildung auf allen Ebenen – von der Grundschule bis hin zu beruflicher Weiterbildung und Erwachsenenbildung – können wir eine umfassende Gesundheitsstrategie entwickeln, die das Wohlbefinden der gesamten Bevölkerung steigert. Letztlich ist Bildung nicht nur ein Werkzeug zur Steigerung der Lebensqualität, sondern auch ein grundlegender Pfeiler im Kampf gegen gesundheitliche Benachteiligungen und für ein gerechteres Gesundheitssystem.

Herausforderungen und Chancen in der Bildung:
Bildung spielt eine zentrale Rolle für die individuelle Entfaltung und den Fortschritt von Gesellschaften. Sie ist der Schlüssel zur Förderung von Wissen, Kreativität und sozialen Fähigkeiten und bildet somit die Grundlage für nachhaltige Entwicklung. Dennoch stehen viele Länder vor erheblichen Herausforderungen, die den Zugang zu qualitativ hochwertiger Bildung erschweren. In vielen Regionen sind die Bildungssysteme finanziell unterbesetzt, was zu einem Mangel an Ressourcen, qualifizierten Lehrkräften und modernen Lernmaterialien führt. Besonders in ländlichen und abgelegenen Gebieten, aber auch in sozialen Randgruppen, sind die Bedingungen ungünstig, was den Zugang zu Bildung weiter einschränkt. Ein weiteres Hindernis stellen die sozialen, wirtschaftlichen und kulturellen Barrieren dar, die viele

Menschen davon abhalten, eine formale Bildung zu erhalten. Für marginalisierte Gruppen, wie etwa Frauen, Menschen mit Behinderungen oder ethnische Minderheiten, sind diese Hürden besonders hoch. Armut, geschlechtsspezifische Diskriminierung oder der Mangel an kulturell angepassten Bildungsangeboten verursachen den Ausschluss dieser Gruppen oder, dass sie auf schlechtere Bildungsangebote angewiesen sind. Dies führt nicht nur zu Ungleichheit, sondern auch zu einer Verfestigung von Armut und sozialer Benachteiligung, da Bildung eine der wichtigsten Voraussetzungen für den sozialen und ökonomischen Aufstieg ist. Trotz dieser Herausforderungen sind in den letzten Jahren auch bemerkenswerte Fortschritte erzielt worden. Die technologische Entwicklung hat neue Möglichkeiten des Lernens geschaffen, die traditionelle Bildungsstrukturen ergänzen und in vielen Fällen sogar ersetzen. Digitale Bildungsplattformen, Fernunterricht und Online-Kurse ermöglichen es Menschen weltweit, unabhängig von ihrem Standort auf qualitativ hochwertige Bildungsangebote zuzugreifen. Diese neuen Lernformen bieten insbesondere in Entwicklungsländern und ländlichen Gebieten eine Chance, Bildungsbarrieren zu überwinden. Sie tragen dazu bei, Bildung demokratischer und zugänglicher zu gestalten, da sie nicht nur flexibel in Bezug auf Zeit und Ort sind, sondern auch eine Vielzahl von Lernressourcen und Expertenwissen vermitteln. Diese technologischen Fortschritte haben das Potenzial, die bestehenden Bildungslücken erheblich zu verkleinern. Sie können dazu beitragen, den Zugang zu Bildung für viele benachteiligte Gruppen zu verbessern und es Menschen aus allen Lebensbereichen zu erlauben, ihre Fähigkeiten und Fertigkeiten weiterzuentwickeln. Gleichzeitig eröffnen sie neue Perspektiven für das lebenslange Lernen, da Wissen nicht mehr nur in traditionellen Klassenzimmern geteilt wird, sondern auch durch digitale Formate, die den Bedürfnissen der Lernenden entgegenkommen.

Allerdings reicht es nicht aus, nur den Zugang zur Bildung zu erleichtern. Es ist ebenso wichtig, die Inhalte und Ziele der Bildung neu zu definieren. In einer zunehmend globalisierten und technologiegetriebenen Welt sind nicht nur Fachkenntnisse gefragt, sondern auch die Entwicklung von Schlüsselkompetenzen, die für die moderne Arbeitswelt unerlässlich sind. Kreativität, kritisches Denken, Problemlösungsfähigkeiten und soziale Kompetenzen sind von zentraler Bedeutung, um sich in einer dynamischen und sich ständig verändernden Gesellschaft zurechtzufinden. Bildung sollte daher nicht nur auf der Vermittlung von reinem Wissen basieren, sondern auch darauf abzielen, das Potenzial der Lernenden zu entfalten und sie auf die Herausforderungen einer komplexen Welt vorzubereiten. Darüber hinaus muss das Bildungssystem innovativer werden und stärker auf die Bedürfnisse der Lernenden eingehen. Individuelle Lernstile, Interessen und Talente sollten berücksichtigt werden, um maßgeschneiderte Bildungsangebote zu schaffen, die die Kreativität und Selbstständigkeit der Lernenden fördern. Es ist auch wichtig, die Bildung stärker auf die Entwicklung von praktischen Fähigkeiten auszurichten, die in der Arbeitswelt zunehmend gefragt sind, wie etwa digitale Kompetenzen, Teamarbeit und Kommunikationsfähigkeiten.

Zusammenfassend lässt sich sagen, dass die Bildung weltweit vor erheblichen Herausforderungen steht. Gleichzeitig eröffnen technologische Entwicklungen und neue Bildungsformate zahlreiche Chancen, um diese Herausforderungen zu meistern.

Es liegt in der Verantwortung von Bildungseinrichtungen, Regierungen und der Gesellschaft als Ganzes, diese Chancen zu nutzen und das Bildungssystem so zu gestalten, dass es den Anforderungen der Zukunft gerecht wird. Nur so kann Bildung ihre volle transformative Kraft entfalten und eine gerechtere, inklusivere und prosperierende Gesellschaft formen.

Folgerung:

Bildung ist zweifellos einer der zentralen Bausteine für den langfristigen Wohlstand einer Gesellschaft. Ihre Bedeutung geht weit über die bloße Vermittlung von Wissen hinaus und hat weitreichende Auswirkungen auf das individuelle Leben, die soziale Struktur und den wirtschaftlichen Erfolg einer ganzen Nation. Der enge Zusammenhang zwischen dem Bildungsgrad eines Individuums und dessen wirtschaftlichem sowie sozialem Erfolg ist unbestreitbar und umfassend belegt. Menschen mit höherem Bildungsniveau haben nicht nur bessere Chancen auf dem Arbeitsmarkt, sondern verfügen auch über eine größere Fähigkeit zur aktiven Teilnahme an gesellschaftlichen und politischen Prozessen. Sie sind in der Lage, ihre Umwelt aktiv mitzugestalten und zur

Lösung komplexer gesellschaftlicher und ökologischer Herausforderungen beizutragen. Zudem ermöglicht Bildung den Einzelnen, ihr volles Potenzial zu entfalten. Sie bietet die Grundlage für beruflichen Erfolg, ebenso wie für die persönliche Weiterentwicklung. Bildung fördert kreative und kritische Denkfähigkeiten, stärkt das Selbstbewusstsein und erlaubt es Menschen, fundierte Entscheidungen zu treffen, die ihr Leben und das ihrer Familien positiv beeinflussen. Sie ist der Schlüssel zu einem selbstbestimmten Leben, in dem jeder Mensch die Möglichkeit hat, seine Talente und Fähigkeiten zu erkennen und zu nutzen.

Ein weiterer wichtiger Aspekt von Bildung ist ihre positive Wirkung auf die Gesundheit der Bevölkerung. Menschen, die über eine höhere Bildung verfügen, haben nicht nur bessere Chancen, sich gesundheitlich zu versorgen, sondern auch präventive Maßnahmen zu ergreifen und sich für gesunde Lebensstile zu entscheiden. Sie können gesundheitliche Risiken erkennen und wissen, wie sie sich vor Krankheiten schützen können. Diese Wissensvermittlung trägt zur Lebensqualität des Einzelnen bei, entlastet das Gesundheitssystem und verringert langfristig die sozialen und wirtschaftlichen Kosten von Krankheit.

Bildung fördert zudem die soziale Mobilität. Sie bietet Menschen die Möglichkeit, aus benachteiligten Verhältnissen herauszukommen und ein besseres Leben zu führen. Durch den Zugang zu Wissen und Kompetenzen schafft Bildung die Voraussetzungen für eine gerechtere Gesellschaft, in der Menschen unabhängig von ihrer

Herkunft oder sozialen Stellung ihren Lebensweg aktiv gestalten können. Ein starkes Bildungssystem ist somit ein wesentlicher Bestandteil einer inklusiven Gesellschaft, in der soziale und wirtschaftliche Ungleichheit reduziert werden. Doch um diese positiven Effekte zu erzielen, reicht es nicht aus, Bildung lediglich als eine Frage des Zugangs zu verstehen. Es ist ebenso entscheidend, dass diese Bildung von hoher Qualität ist. Der Zugang zu Bildung allein garantiert noch nicht, dass sie auch die gewünschten Ergebnisse liefert. Ein Bildungssystem muss nicht nur eine breite Masse an Lernenden erreichen, sondern auch sicherstellen, dass die Lerninhalte relevant, praxisorientiert und zukunftsorientiert sind. Es muss eine Bildung vermittelt werden, die die Menschen befähigt, sich in einer zunehmend komplexen und globalisierten Welt zurechtzufinden und ihre Fähigkeiten und Kenntnisse auf neue Herausforderungen anzuwenden. Qualitativ hochwertige Bildung erfordert gut ausgebildete Lehrer und eine entsprechende Infrastruktur, die den Lernenden optimale Bedingungen für ihren Bildungsweg liefert. Sie muss auf kritisches Denken, Problemlösungsfähigkeiten und soziale Kompetenzen ausgerichtet sein, die für das Leben und Arbeiten in der modernen Welt unerlässlich sind. Darüber hinaus ist es wichtig, dass das Bildungssystem flexibel genug ist, um sich an die sich ständig ändernden Anforderungen des Arbeitsmarktes und der Gesellschaft anzupassen. Neben der Qualität der Bildung ist auch ihre Zugänglichkeit ein entscheidender Faktor. In vielen Teilen der Welt sind nach wie vor zahlreiche Barrieren vorhanden, die den Zugang zu Bildung für benachteiligte Gruppen erschweren. Armut, geografische Isolation, Geschlechterungleichheit und gesellschaftliche Vorurteile können Hindernisse darstellen, die verhindern, dass Menschen ihr Potenzial vollständig ausschöpfen.

Um jedoch echten Wohlstand zu schaffen, müssen wir sicherstellen, dass alle Menschen – unabhängig von ihrem sozialen, wirtschaftlichen oder kulturellen Hintergrund – die gleiche Chance auf Bildung haben. Bildung muss als universelles Recht betrachtet werden, das allen zugänglich ist, und es liegt in der Verantwortung der Gesellschaft, die notwendigen Strukturen und Systeme zu schaffen, die diese Chancengleichheit gewährleisten. Darüber hinaus ist es wichtig, dass über formelle Bildungseinrichtungen hinaus auch informelle Lernmöglichkeiten existieren. Die Gesellschaft sollte Lernprozesse nicht nur auf Schulen und Universitäten konzentrieren, sondern lebenslanges Lernen und berufliche Weiterentwicklung unterstützen, um sicherzustellen, dass alle Bürger kontinuierlich Zugang zu neuen Kenntnissen und Fähigkeiten haben. Nur so kann garantiert werden, dass die Bevölkerung in der Lage ist, sich an die sich rasch verändernden Anforderungen einer globalisierten, digitalisierten Welt anzupassen. Es ist die Aufgabe der Gesellschaft, die notwendigen Bedingungen zu schaffen, um allen Menschen die Möglichkeit zu bieten, sich zu bilden und ihre Fähigkeiten weiterzuentwickeln. Das erfordert nicht nur Investitionen in Bildungseinrichtungen und Programme, sondern auch die Beseitigung der sozialen und wirtschaftlichen Barrieren, die den Zugang zur Bildung erschweren. Es ist ebenso von entscheidender Bedeutung, dass die Bildungspolitik langfristig ausgerichtet ist.

Abschließend lässt sich sagen, dass der Wohlstand einer Gesellschaft nicht allein an ihrem materiellen Reichtum gemessen werden kann. Der wahre Wohlstand einer Nation zeigt sich in der Bildung ihrer Bürger und der Fähigkeit dieser, aktiv und verantwortungsbewusst an der Gestaltung einer gerechten, kreativen und zukunftsfähigen Gesellschaft zu arbeiten. Bildung bildet die Grundlage für sozialen und wirtschaftlichen Fortschritt und ermöglicht es der Gesellschaft, innovative Lösungen für die Herausforderungen der Zukunft zu entwickeln. Sie ist der Schlüssel zu einer besseren Zukunft, in der Wohlstand nicht nur in materiellen Werten, sondern auch in sozialer Gerechtigkeit, Gesundheit, Zusammenarbeit und nachhaltiger Entwicklung gemessen wird.

Nur wenn wir in Bildung investieren und sicherstellen, dass jeder Mensch die Möglichkeit hat, sich zu entfalten, können wir echten und langfristigen Wohlstand kreieren.

Kapitel 5

DIE UMWELT ALS GRUNDLAGE DES WOHLSTANDS

Einleitung:
In der heutigen globalen Gesellschaft ist die Umwelt mehr als nur ein Rahmen für das menschliche Leben – sie ist eine fundamentale Grundlage für den Wohlstand. Eine intakte und gesunde Umwelt ist unerlässlich für nachhaltigen wirtschaftlichen Erfolg, soziale Gerechtigkeit und kulturelle Entwicklung. Ökologische Gesundheit beeinflusst in vielfältiger Weise das tägliche Leben und die Zukunftsaussichten der Menschen. Ohne einen respektvollen und nachhaltigen Umgang mit den natürlichen Ressourcen sind wirtschaftlicher Wohlstand und gesellschaftlicher Fortschritt auf lange Sicht nicht zu sichern. Die Herausforderungen des Klimawandels, die Zerstörung von Lebensräumen und der fortschreitende Raubbau an Ressourcen mahnen uns, dass der Weg zu einem stabilen Wohlstand nur über den Erhalt und die Pflege der Umwelt führt.

Dieses Kapitel widmet sich der entscheidenden Rolle, die ökologische Nachhaltigkeit für den langfristigen Wohlstand spielt. Im Zentrum steht die Erkenntnis, dass Wohlstand nicht isoliert von der Umwelt betrachtet werden kann. Der ökologischen Nachhaltigkeit kommt eine Schlüsselrolle zu, wenn es darum geht, die Lebensqualität der heutigen und zukünftigen Generationen zu sichern. Ein fortwährender Raubbau an natürlichen Ressourcen, die Vernichtung von Lebensräumen und die Ausbeutung der Erde ohne Rücksicht auf deren Tragfähigkeit gefährden nicht nur die Biodiversität, sondern auch die Grundlage von Wohlstand und Lebensqualität. Es wird deutlich, dass das Streben nach Wohlstand auf einem gesunden und stabilen ökologischen System beruhen muss, um in seiner vollen Tiefe und langfristigen Perspektive erfolgreich zu sein. Die Auswirkungen dieser unüberlegten Praktiken sind bereits heute spürbar: Extreme Wetterereignisse, steigende Meeresspiegel, das Aussterben von Arten und die Degradation von Böden sind nur einige der sichtbaren Zeichen des ökologischen Ungleichgewichts. Diese Umweltauswirkungen haben nicht nur gravierende Folgen für die Natur, sondern auch für die Wirtschaft. Landwirtschaftliche Erträge sinken, natürliche Rohstoffe werden knapper, und die Lebensqualität vieler Menschen wird durch Umweltzerstörung direkt beeinträchtigt.

So zeigt sich, dass Wohlstand, der auf einem übermäßigen Ressourcenverbrauch und der Zerstörung der Umwelt basiert, nicht nachhaltig sein kann. Ein gesundes Verhältnis zwischen Mensch und Natur ist daher nicht nur ein ethisches Gebot, sondern eine ökonomische Notwendigkeit. In einer Welt, die sich zunehmend der ökologischen Krise gegenübersieht, ist es von entscheidender Bedeutung, ein Bewusstsein für die Wechselwirkungen zwischen Umwelt und Wohlstand zu entwickeln. Die Grundlage für den Wohlstand der Zukunft liegt in der Verknüpfung von ökologischer Nachhaltigkeit und ökonomischer Entwicklung, die es ermöglicht, den Wohlstand von heute zu erhalten, ohne die Lebensqualität zukünftiger Generationen zu gefährden. Durch eine tiefere Betrachtung dieser Thematik wird klar, dass es nicht nur darum geht, ökologische Ressourcen zu schonen, sondern auch darum, eine nachhaltige Wirtschaftsweise zu fördern, die langfristig stabil bleibt. Dieser Perspektivwechsel ist entscheidend für den langfristigen Erhalt des Wohlstands, den wir heute schätzen, und für das Wohl zukünftiger Generationen. Nur durch ein ausgewogenes Verhältnis zwischen Wirtschaft, Gesellschaft und Umwelt kann ein echter und langfristig tragfähiger Wohlstand entstehen, der den Herausforderungen der Zukunft standhält.

Die Grundlagen der Umwelt und des Wohlstands:
Die Umwelt umfasst die Gesamtheit der natürlichen Ressourcen und ökologischen Systeme, die für das Überleben und das Wohlbefinden der Menschheit unerlässlich sind. Hierzu zählen nicht nur die physikalischen Ressourcen wie sauberes Wasser, fruchtbare Böden, gesunde Luft und Mineralien, sondern auch die biologische Vielfalt in Form von Tieren, Pflanzen und Mikroorganismen. Diese natürlichen Ressourcen sind die Basis aller Lebensprozesse und wirtschaftlichen Aktivitäten. Landwirtschaft, Industrie, Energieproduktion und viele andere Sektoren sind direkt auf eine intakte Umwelt angewiesen. Saubere Gewässer, gesunde Böden und eine stabile Klimabalance ermöglichen es der

Erde, ihre Ressourcen zu regenerieren und den Kreislauf des Lebens aufrechtzuerhalten. Darüber hinaus erfüllen gesunde Ökosysteme zahlreiche Dienstleistungen, die für das menschliche Leben von zentraler Bedeutung sind. So regulieren Wälder und Feuchtgebiete das Klima, schützen vor Überschwemmungen und bieten Lebensräume für viele Arten, die wiederum die Stabilität und Gesundheit der Erde fördern. Der Verlust oder die Zerstörung dieser natürlichen Ressourcen hat tiefgreifende Folgen. Ohne eine intakte Umwelt können diese Ressourcen nicht nachhaltig genutzt werden, was zu einem zunehmenden Verlust an ökologischen Dienstleistungen und einer fortschreitenden Degradation der Lebensgrundlagen führt. Ein anschauliches Beispiel ist der Klimawandel, der durch den übermäßigen Ausstoß von Treibhausgasen und die Zerstörung von natürlichen Kohlenstoffsenkern wie Wäldern verursacht wird. Auch die Luftverschmutzung, die durch industrielle Abgase und Abfallentsorgung entsteht, beeinträchtigt nicht nur die Gesundheit der Menschen, sondern auch die Fähigkeit der Natur, sich selbst zu regenerieren. Der Verlust von Biodiversität, etwa durch Abholzung oder die Übernutzung von natürlichen Ressourcen, schwächt die Widerstandsfähigkeit der Ökosysteme und impliziert den Verlust wertvoller genetischer und biologischer Ressourcen, die für die Entwicklung neuer Medikamente, Nahrungsmittel und landwirtschaftlicher Produkte von entscheidender Bedeutung sind.

Wohlstand wird häufig als Synonym für materiellen Reichtum und ökonomischen Erfolg betrachtet. Doch er ist weit mehr als das Ansammeln von Kapital und physischen Gütern. Er ist auch ein Maß für Lebensqualität, und diese ist untrennbar mit der Qualität der Umwelt verbunden. Wohlstand im weitesten Sinne umfasst nicht nur finanziellen Reichtum, sondern auch gesunde Lebensverhältnisse, soziale Sicherheit und ein erfülltes, zufriedenes Leben. Ohne gesunde Umweltbedingungen gibt es keine gesunde Gesellschaft. Ein Umfeld mit sauberen Luft- und Wasserquellen, einer stabilen Klimabalance und intakten Ökosystemen ist die Grundlage für das Wohlbefinden der Menschen und die Entwicklung einer nachhaltigen Wirtschaft. Die zunehmenden Umweltprobleme wie Klimawandel, Luftverschmutzung, Verlust der biologischen Vielfalt und Zerstörung von Lebensräumen gefährden nicht nur die natürlichen Lebensgrundlagen, sondern auch die wirtschaftliche Stabilität und die soziale Gerechtigkeit. Diese Umweltkrisen haben ökologische, ebenso wie soziale und ökonomische Konsequenzen. Naturkatastrophen wie Überschwemmungen, Dürren und Waldbrände, die durch den Klimawandel verstärkt werden, wirken sich oft verheerend auf benachteiligte Bevölkerungsgruppen aus, die am wenigsten in der Lage sind, sich vor den Folgen zu schützen. Gleichzeitig sind diese Umweltkrisen auch eine Bedrohung für die wirtschaftliche Entwicklung, da sie zu Ernteausfällen, steigenden Gesundheitskosten und der Zerstörung von Infrastruktur führen können. Die Schaffung von Wohlstand muss daher eng mit der Schaffung von ökologischer, sozialer und wirtschaftlicher Resilienz verbunden werden. In dieser Situation wird deutlich, dass die bestehenden Konzepte von Wohlstand und Entwicklung eines grundlegenden Umdenkens bedürfen. Statt sich ausschließlich auf kurzfristige Gewinne, Ressourcenverbrauch und materiellen Besitz zu konzentrieren, sollte die Entwicklung von Wohlstand in Zukunft auf der Grundlage von Nachhaltigkeit, Gerechtigkeit und langfristiger Lebensqualität erfolgen.

Ein echter Wohlstand muss die Erhaltung der natürlichen Ressourcen in den Mittelpunkt stellen, da nur so eine stabile Grundlage für das Überleben der Menschheit und die Aufrechterhaltung einer gerechten sozialen Ordnung geschaffen werden kann. Dieser neue Ansatz erfordert, dass sowohl Unternehmen als auch Regierungen nachhaltige Praktiken in ihre Entscheidungsprozesse integrieren. Dabei geht es nicht nur um den Schutz der Umwelt als Selbstzweck, sondern auch um die Schaffung von wirtschaftlichen und sozialen Systemen, die nicht auf Ausbeutung und Übernutzung basieren und stattdessen auf einer gerechten Verteilung der Ressourcen und einer verantwortungsvollen Nutzung der natürlichen Güter. Der Übergang zu einer nachhaltigen Wirtschaft, die sowohl den ökologischen als auch den sozialen Anforderungen gerecht wird, ist eine der größten Herausforderungen unserer Zeit. Letztlich müssen Wohlstand und Entwicklung neu definiert werden, indem der Fokus von kurzfristigen, materiellen Erfolgen auf langfristige, nachhaltige Ergebnisse verlagert wird. Der wahre Wohlstand ist dann nicht nur das Maß für den materiellen Reichtum, sondern auch für die Fähigkeit, in einer gesunden, stabilen und gerechten Welt zu leben.

Nur durch die Integration von Umwelt- und Sozialaspekten in die Wirtschafts- und Entwicklungsstrategie können wir einen echten, nachhaltigen Wohlstand erreichen, der nicht nur die heutigen, sondern auch die künftigen Generationen einschließt.

Ökologische Nachhaltigkeit: Der Schlüssel zum langfristigen Wohlstand:

Ökologische Nachhaltigkeit ist das Prinzip, die Bedürfnisse der gegenwärtigen Generation zu befriedigen, ohne die Fähigkeit zukünftiger Generationen zu gefährden, ihre eigenen Bedürfnisse zu decken. In einer Welt, in der die natürlichen Ressourcen zunehmend erschöpft sind und die Umwelt durch den menschlichen Einfluss stark belastet wird, ist es von entscheidender Bedeutung, verantwortungsvoll mit diesen Ressourcen umzugehen. Ökologische Nachhaltigkeit geht über den bloßen Schutz der Umwelt hinaus; sie umfasst auch die Schaffung von Systemen, die die Natur regenerieren und für kommende Generationen bewahrenswert machen. Ein zentrales Element der ökologischen Nachhaltigkeit ist der Übergang zu erneuerbaren Energien. Die Abhängigkeit von fossilen Brennstoffen hat nicht nur zur Erderwärmung und zur Verschmutzung der Luft beigetragen, sondern auch die Ressourcen gefährdet, die für die zukünftige Energieversorgung unerlässlich sind. Erneuerbare Energiequellen wie Solarenergie, Windkraft und Wasserkraft bieten nachhaltige Alternativen, die sowohl den CO_2-Ausstoß drastisch reduzieren als auch eine Vielzahl neuer wirtschaftlicher Möglichkeiten schaffen können. Durch die Investition in grüne Technologien können innovative Lösungen entwickelt werden, die nicht nur zur Bekämpfung des Klimawandels beitragen, sondern auch Arbeitsplätze kreieren, die Wirtschaft stärken und langfristig den Wohlstand sichern. Der Ausbau erneuerbarer Energien fördert auch die Unabhängigkeit von fossilen Brennstoffen und trägt zu einer stabileren und nachhaltigeren Energieversorgung bei.

Neben der Energiegewinnung spielt die Landwirtschaft eine entscheidende Rolle für die ökologische Nachhaltigkeit und die langfristige Sicherstellung der Ernährungssicherheit. Unsere heutige Landwirtschaft ist stark industrialisiert und belastet Böden, Gewässer und Ökosysteme. Nachhaltige Anbaumethoden wie die Fruchtfolge, der Verzicht auf chemische Düngemittel und Pestizide sowie der Schutz der natürlichen Biodiversität sind notwendig, um gesunde Böden zu erhalten und die Artenvielfalt zu fördern. Indem wir den Fokus auf umweltfreundliche und ressourcenschonende Landwirtschaft legen, können wir eine stabile und gesunde Nahrungsmittelproduktion gewährleisten, die gleichzeitig den ökologischen Fußabdruck minimiert. Dies ist nicht nur für die Natur von Bedeutung, sondern auch für die wirtschaftliche Tragfähigkeit der Landwirtschaft, da sie langfristig zu höheren Erträgen und einer besseren Nahrungsmittelqualität führt.

Ein weiterer wesentlicher Aspekt der ökologischen Nachhaltigkeit ist die Kreislaufwirtschaft, die darauf hinzielt, Ressourcen effizient zu nutzen und Abfall zu minimieren. Durch Recycling, Wiederverwendung und die Herstellung langlebiger Produkte können wertvolle Rohstoffe gespart und die Umweltbelastung verringert werden. Diese Praktiken dienen nicht nur dem Umweltschutz, sondern weisen auch ökonomische Vorteile auf, da Unternehmen Kosten sparen und neue Geschäftsmöglichkeiten schaffen können.

Zusammengefasst bedeutet ökologische Nachhaltigkeit nicht nur, die Umwelt zu schützen, sondern auch, ein stabiles Fundament für künftigen Wohlstand zu schaffen. Sie bietet die Möglichkeit, Innovationen zu fördern, die Wirtschaft zu stärken und Arbeitsplätze zu kreieren, während gleichzeitig die natürlichen Ressourcen regeneriert und erhalten werden. Ökologische Nachhaltigkeit ist daher ein entscheidender Faktor für eine nachhaltige wirtschaftliche Entwicklung, die sowohl den Planeten als auch die Gesellschaft langfristig fördert.

Die Folgen des Raubbaus an Ressourcen:

Der Raubbau an natürlichen Ressourcen und die damit einhergehende Zerstörung von Lebensräumen haben tiefgreifende und oft irreversible Auswirkungen auf die Umwelt und den globalen Wohlstand. Aktivitäten wie Überfischung, Abholzung, industrielle Verschmutzung und der übermäßige Abbau von Bodenschätzen führen zu einer rapiden abnehmenden biologischen Vielfalt und beeinträchtigen die Fähigkeit der Ökosysteme, die lebenswichtigen Funktionen, die sie für das Gleichgewicht der Natur und die Lebensgrundlagen der

Menschen haben, zu erfüllen. Diese ökologische Verschlechterung betrifft nicht nur den Zustand der Natur, sondern hat auch weitreichende soziale und wirtschaftliche Konsequenzen. Eine der gravierendsten Auswirkungen des Raubbaus an Ressourcen ist die Zerstörung von Lebensräumen für zahlreiche Tier- und Pflanzenarten. Wälder, Ozeane, Flüsse und andere natürliche Systeme, die die Grundlage für das Leben auf der Erde bilden, sind durch die menschliche Tätigkeit zunehmend bedroht. Diese Umweltschäden implizieren einen dramatischen Rückgang der Biodiversität, was das ökologische Gleichgewicht stört und die Resilienz von Natur und Gesellschaft schwächt.

Eine verringerte biologische Vielfalt bedeutet, dass natürliche Ökosysteme wichtige Dienste wie die Regulierung des Klimas, die Reinigung von Wasser und Luft oder den Schutz vor Naturkatastrophen schlechter leisten können. Darüber hinaus hat die Zerstörung der natürlichen Umwelt direkte Auswirkungen auf das menschliche Wohlbefinden. Eine geschädigte Umwelt führt zu einer spürbaren Knappheit an Ressourcen, die für das tägliche Leben von zentraler Bedeutung sind – insbesondere Wasser, Nahrung und Energie. Der Verlust fruchtbarer Böden und die Verschmutzung von Gewässern bedingen Ernteausfälle und verringern die Verfügbarkeit von Nahrungsmitteln, was weltweit zu Hungersnöten und einer Verschärfung der Armut beiträgt. Ebenso nehmen durch die zunehmende Verschmutzung der Luft und des Wassers Gesundheitsprobleme zu, darunter Atemwegserkrankungen, Krebs und andere chronische Krankheiten. Diese negativen gesundheitlichen Auswirkungen beeinträchtigen nicht nur die Lebensqualität der Menschen, sondern belasten auch die Gesundheitssysteme und die Wirtschaft ganzer Länder. Besonders betroffen sind die ärmsten und verletzlichsten Gemeinschaften, die am stärksten von natürlichen Ressourcen abhängen und gleichzeitig am wenigsten in der Lage sind, sich an die sich verändernden Umweltbedingungen anzupassen. Diese Gemeinschaften können oft nicht in Technologien oder Infrastruktur investieren, die ihre Resilienz gegenüber Umweltveränderungen erhöhen könnten, und sind daher besonders anfällig für die Auswirkungen von Umweltzerstörung und Klimawandel. Sie leben in Gebieten, die von Naturkatastrophen betroffen sind, wie Überschwemmungen, Dürren oder Stürmen, und verfügen nur über begrenzte Ressourcen, um ihre Lebensweise nachhaltig zu gestalten.

Ein weiterer entscheidender Faktor in diesem Zusammenhang ist der Klimawandel, der eng mit dem Raubbau an natürlichen Ressourcen verbunden ist. Der exzessive Verbrauch von fossilen Brennstoffen, die Abholzung von Wäldern und die Verschmutzung der Atmosphäre reichern Treibhausgase an, was die Erderwärmung vorantreibt. Steigende Temperaturen, extreme Wetterereignisse wie Hitzewellen, Überschwemmungen und Dürren sowie der Anstieg des Meeresspiegels stellen ernsthafte Bedrohungen für die Umwelt und die wirtschaftliche Stabilität vieler Länder dar. Besonders Inselstaaten und Küstenregionen sind bereits jetzt von den Auswirkungen des Klimawandels betroffen und sehen sich mit der

Gefahr des Verlusts von Landflächen und der Zerstörung wichtiger Infrastrukturen konfrontiert.

Die wirtschaftlichen Folgen des Klimawandels sind ebenfalls enorm. Die Kosten für die Anpassung an die veränderten klimatischen Bedingungen wie den Bau von Schutzinfrastrukturen gegen Überschwemmungen oder die Bekämpfung von Dürren können immense Summen erfordern. Dies belastet nicht nur die nationalen Haushalte, sondern auch das Wachstum und die wirtschaftliche Stabilität ganzer Volkswirtschaften. In vielen Regionen müssen Unternehmen, Staaten und Gesellschaften signifikante Ressourcen aufwenden, um die Schäden des Klimawandels zu beheben oder sich auf die sich verändernden Umweltbedingungen vorzubereiten.

Zusammenfassend lässt sich sagen, dass der Raubbau an Ressourcen und die damit verbundene Zerstörung von Ökosystemen weit mehr als nur ökologische Probleme darstellen. Sie sind ein vielschichtiges Phänomen, das sich tiefgreifend sozial, wirtschaftlich und gesundheitlich auswirkt.

Der Klimawandel, die Zerstörung von Lebensräumen und die Verschmutzung der Umwelt sind eng miteinander verflochten und bedrohen nicht nur die Natur, sondern auch das Wohl der Menschen und die Stabilität von Volkswirtschaften weltweit. Der Schutz unserer natürlichen Ressourcen und die Förderung einer nachhaltigen Entwicklung sind daher von entscheidender Bedeutung, um die Lebensqualität zu sichern und die globalen Herausforderungen des 21. Jahrhunderts zu meistern.

Bildung und Umweltbewusstsein:
Bildung und Umweltbewusstsein sind unverzichtbare Voraussetzungen für den dringend benötigten Wandel hin zu einer nachhaltigeren und gerechteren Gesellschaft. In einer Welt, die von globalen ökologischen Krisen wie dem Klimawandel, dem Verlust der biologischen Vielfalt und der zunehmenden Ressourcenknappheit geprägt ist, ist es von zentraler Bedeutung, dass die Bevölkerung ein tiefgehendes Verständnis für die komplexen Wechselwirkungen zwischen Umwelt, Wirtschaft und sozialem Wohlstand entwickelt.

Nur durch Bildung können wir das nötige Bewusstsein schaffen, damit Menschen die Auswirkungen ihres Handelns auf die Umwelt erkennen und nachhaltigere Entscheidungen treffen, die sowohl ihre Lebensqualität als auch die Zukunft unseres Planeten sichern. Ein gut informierter Bürger ist in der Lage, nicht nur auf individueller Ebene umweltfreundliche zu entscheiden, sondern auch politische und gesellschaftliche Veränderungen zu fordern, die den Umweltschutz fördern. Ein Beispiel dafür ist die Wahl nachhaltiger Produkte, der Verzicht auf Ressourcenverschwendung und die Unterstützung von Maßnahmen, die auf den Schutz von Ökosystemen hinzielen.

Doch diese individuellen Handlungen sind nur ein Teil des Puzzles. Um einen tiefgreifenden und langfristigen Wandel zu erzielen, müssen wir als Gesellschaft auch die Strukturen und wirtschaftlichen Systeme ändern, die die Umwelt schädigen. Hierbei spielt Bildung eine Schlüsselrolle, da sie nicht nur Wissen vermittelt, sondern auch den kritischen Denkprozess anregt, der notwendig ist, um bestehende Probleme zu hinterfragen und neue Lösungsansätze zu entwickeln. Bildungseinrichtungen, von Schulen über Universitäten bis hin zu Weiterbildungsprogrammen für Erwachsene, sind besonders gut geeignet, um dieses Bewusstsein zu fördern. Sie können den Lernenden nicht nur die theoretischen Grundlagen der ökologischen Wissenschaften lehren, sondern auch praktische Fertigkeiten, die sie im Alltag und in ihrem Berufsleben anwenden können. Programme, die Themen wie Klimawandel, erneuerbare Energien, Kreislaufwirtschaft oder nachhaltige Landwirtschaft aufgreifen, bieten einen ganzheitlichen Ansatz, der es den Lernenden ermöglicht, das Zusammenspiel von Umwelt, Wirtschaft und Gesellschaft zu verstehen und sich als aktive Akteure in der Gestaltung einer nachhaltigen Zukunft zu begreifen.

Darüber hinaus schaffen Gemeinschaftsinitiativen, NGOs (non-governmental organization– Nichtregierungsorganisationen) und politische Organisationen einen wertvollen Raum für die aktive Teilnahme und den Austausch von Ideen. Solche Initiativen stärken das Bewusstsein für ökologische Herausforderungen und ermöglichen es den Menschen, sich kollektiv für Lösungen einzusetzen. Sie entwickeln praktische Fähigkeiten, indem sie z. B. lokale Umweltprojekte unterstützen, die sowohl ökologische als auch soziale Vorteile bringen.

In vielen Fällen haben diese Projekte auch einen Bildungscharakter und leisten einen wichtigen Beitrag zur nachhaltigen Entwicklung auf regionaler Ebene. Ein besonders wichtiger Aspekt der Umweltbildung ist die Einbeziehung jüngerer Generationen. Wenn Kinder und Jugendliche von klein auf lernen, Verantwortung für ihre Umwelt zu übernehmen und sich mit den Herausforderungen des Umweltschutzes auseinanderzusetzen, wird dieser Umgang mit Natur und Ressourcen in ihrem späteren Leben zu einer Selbstverständlichkeit. Sie wachsen mit einem Bewusstsein auf, das die Grundlage für eine lebenslange Auseinandersetzung mit ökologischen Fragen bildet. Dies stabilisiert nicht nur das Verantwortungsbewusstsein des Einzelnen, sondern trägt auch zu einer Gesellschaft bei, die nachhaltig denkt und handelt. Umweltbildung fördert sowohl Wissen als auch eine wertorientierte Haltung, die den Umweltschutz in den Alltag integriert, denn sie motiviert zu einem Lebensstil, der auf Ressourcenschonung, verantwortungsvollem Konsum und sozialer Gerechtigkeit basiert. Es ist diese Veränderung in der Denkweise, die notwendig ist, um den ökologischen Fußabdruck zu reduzieren und die Gesellschaft zu einer nachhaltigeren und gerechteren Zukunft zu führen.

Zusammenfassend lässt sich sagen, dass Bildung und Umweltbewusstsein in einer eng miteinander verknüpften Weise agieren und einander verstärken. Indem wir den Menschen das Wissen und die Fähigkeiten vermitteln, die sie benötigen, um die Herausforderungen des Umweltschutzes zu verstehen und aktiv an deren Bewältigung zu arbeiten, kreieren wir nicht nur die Voraussetzung für eine nachhaltige Zukunft, sondern auch für eine Gesellschaft, die im Einklang mit der Natur lebt und die Bedürfnisse der kommenden Generationen berücksichtigt. In diesem Prozess spielt die Bildung die Rolle des Katalysators, der den Wandel zu einer nachhaltigeren Gesellschaft in Gang setzt und langfristig als Grundlage für ein harmonisches Zusammenleben zwischen Menschen und Umwelt dient.

Ökologische Gerechtigkeit:
Ein grundlegender und oft vernachlässigter Aspekt im Zusammenhang mit Umwelt und Wohlstand ist das Konzept der ökologischen Gerechtigkeit. Dabei geht es um die gerechte Verteilung von Umweltressourcen und den gleichberechtigten Zugang zu einer gesunden und nachhaltigen Umwelt. In vielen Teilen der Welt sind benachteiligte Gemeinschaften und indigene Völker besonders stark von Umweltzerstörung, Umweltverschmutzung und dem Mangel an natürlichen Ressourcen betroffen. Diese Gruppen sind jedoch häufig diejenigen, die am wenigsten Einfluss auf die politischen und wirtschaftlichen Entscheidungen haben, die ihre Lebensbedingungen beeinflussen. Oft stehen sie zudem vor der Herausforderung, in dicht bevölkerten oder industrieverseuchten Regionen zu leben, wo die Umweltbedingungen ihre Gesundheit und ihr Wohlbefinden stark beeinträchtigen. Die Folgen dieser Ungleichheiten sind tiefgreifend. Die Verschmutzung von Luft, Wasser und Boden sowie die Zerstörung von natürlichen Lebensräumen führen zu erheblichen Gesundheitsproblemen und sozialen Belastungen, insbesondere für arme und marginalisierte Bevölkerungsgruppen. Diese Ge-

meinschaften sind häufig auch die ersten, die die Folgen des Klimawandels zu spüren bekommen, in Form von Extremwetterereignissen wie Überschwemmungen, Dürren oder Stürmen. Gleichzeitig haben diese Menschen nur begrenzte Möglichkeiten, sich gegen diese Bedrohungen zu wehren oder sich von ihren Auswirkungen zu erholen, da sie oft über geringe Ressourcen und politische Vertretung verfügen.

Ökologische Gerechtigkeit erfordert, dass wir diese Ungleichgewichte anerkennen und die Stimmen der betroffenen Gemeinschaften in den Mittelpunkt der Umweltpolitik stellen. Es geht darum, sicherzustellen, dass diese Gemeinschaften nicht nur als passive Empfänger von Umweltmaßnahmen betrachtet, sondern aktiv in die Entscheidungsprozesse eingebunden werden. Nur wenn ihre spezifischen Bedürfnisse, Anliegen und Perspektiven in der Gestaltung von Umweltstrategien berücksichtigt werden, kann eine wirklich gerechte und nachhaltige Umweltpolitik entstehen. Dies umfasst nicht nur den Zugang zu sauberer Luft und Wasser, sondern auch den Schutz von natürlichen Ressourcen, die Grundlage für ihre Lebensweise und ihr wirtschaftliches Überleben sind. Der Zugriff auf gesunde und funktionale Ökosysteme ist ein grundlegendes Menschenrecht und eine Voraussetzung für eine hohe Lebensqualität. In vielen Fällen sind es gerade die benachteiligten Gemeinschaften, die über traditionelles Wissen und Erfahrungen verfügen, wie man im Einklang mit der Natur leben kann. Ihre Perspektiven sind daher von unschätzbarem Wert, um Lösungen zu finden, die langfristig tragfähig sind. Ihre Einbeziehung in die Gestaltung umweltpolitischer Maßnahmen ist entscheidend, um die sozialen und ökologischen Ungleichgewichte zu überwinden und einen breiten Konsens für den Schutz der Umwelt zu schaffen.

Die Frage der ökologischen Gerechtigkeit ist dabei nicht nur eine ethische, sondern auch eine wirtschaftliche und politische Notwendigkeit. Eine nachhaltige Entwicklung, die alle Teile der Gesellschaft berücksichtigt, ist der Schlüssel zu einem stabilen und prosperierenden Wohlstand für alle. Wenn benachteiligte Gemeinschaften Zugang zu den gleichen Chancen haben, in einer gesunden Umwelt zu leben und zu arbeiten, wird der Wohlstand insgesamt gesteigert. Dies führt zu einer gerechteren Gesellschaft, ebenso wie zu einer stabileren und widerstandsfähigeren globalen Wirtschaft. Die Herausforderung besteht darin, das Bewusstsein für diese Ungleichgewichte zu schärfen und die notwendigen Veränderungen auf politischer, wirtschaftlicher und sozialer Ebene herbeizuführen. Dies bedeutet, dass wir eine Politik fördern müssen, die auf Gerechtigkeit, Verantwortung und Nachhaltigkeit basiert – eine Politik, die sowohl die Umwelt schützt als auch die soziale und wirtschaftliche Teilhabe aller fördert.

Nur wenn ökologische Gerechtigkeit als integraler Bestandteil von Entwicklungsstrategien verstanden wird, können wir sicherstellen, dass die Ressourcen unserer Erde für zukünftige Generationen bewahrt und gleichzeitig für alle zugänglich bleiben.

Die Rolle der Politik in der Förderung ökologischer Nachhaltigkeit:
Die Politik spielt eine fundamentale Rolle bei der Schaffung und Umsetzung von Maßnahmen, die ökologische Nachhaltigkeit fördern und langfristig gewährleisten. Sie hat die Möglichkeit, durch gezielte Gesetze, Vorschriften und politische Initiativen den Schutz der natürlichen Ressourcen, umweltfreundliche Technologien und die Bewältigung globaler Umweltprobleme in den Mittelpunkt zu stellen. Eine effektive Politik in diesem Bereich ist entscheidend für die Beschleunigung des Übergangs zu einer nachhaltigen Wirtschaft die Minimierung der negativen Auswirkungen menschlicher Aktivitäten auf die Umwelt.

Ein wichtiger Aspekt dieser politischen Verantwortung ist die Schaffung von Anreizen, die sowohl Unternehmen als auch Verbraucher motivieren, umweltfreundlichere Entscheidungen zu treffen. Subventionen für erneuerbare Energien sind ein prominentes Beispiel, das es ermöglicht, die Abhängigkeit von fossilen Brennstoffen zu reduzieren. Regierungen können durch finanzielle Unterstützung den Ausbau von Solar-, Wind- und Wasserenergie forcieren, umweltfreundliche Technologien verbreiten und gleichzeitig Arbeitsplätze im grünen Sektor schaffen. Diese politischen Maßnahmen tragen nicht nur zur Reduktion von CO_2-Emissionen bei, sondern leisten auch einen wesentlichen Beitrag zu einer widerstandsfähigeren und nachhaltigen Energieinfrastruktur.

Ebenso spielt die Abfallwirtschaft eine Schlüsselrolle. Politische Initiativen, die auf die Reduktion von Abfällen hinzielen, tragen zu geringeren Umweltbelastungen bei. Hierzu gehören nicht nur strengere Vorschriften für Recycling und die Vermeidung von Einwegplastik, sondern auch Programme zur Förderung der Kreislaufwirtschaft. In einer Kreislaufwirtschaft werden Produkte nicht nur als einmalige Konsumgüter betrachtet, sondern so gestaltet, dass sie wiederverwertet oder weiterverwendet werden können. Dies minimiert den Bedarf an Rohstoffen und verringert die Menge an Abfall, der auf Mülldeponien landet. Durch gesetzliche Vorgaben, die den Einsatz recycelter Materialien und die Schaffung nachhaltiger Produktionsprozesse fördern, kann die Politik das Fundament für eine umweltfreundlichere Wirtschaft legen.

Ein weiterer bedeutender Bereich ist die nachhaltige Landwirtschaft. Politische Maßnahmen zur Förderung umweltfreundlicher landwirtschaftlicher Praktiken können nicht nur zur Erhaltung der natürlichen Ressourcen, sondern auch zur Sicherstellung der Ernährungssicherheit für zukünftige Generationen beitragen. Vorschriften zur Reduzierung des Pestizideinsatzes, zum Ausbau von biologischem Landbau und zum Schutz von Böden und Wasserressourcen sind entscheidend, um die langfristige Fruchtbarkeit der Böden zu garantieren und die Umweltbelastung durch intensive Landwirtschaft zu verringern. Darüber hinaus kann die Politik auch den Zugang zu nachhaltigen landwirtschaftlichen Techniken und Bildung für Landwirte fördern, um eine umweltfreundliche und zugleich wirtschaftlich tragfähige Landwirtschaft zu gewährleisten. Die internationale

Zusammenarbeit ist jedoch ebenfalls unverzichtbar, um die globalen Umweltprobleme wirksam anzugehen. Klimawandel, Verlust der biologischen Vielfalt, Verschmutzung der Ozeane und Entwaldung sind Herausforderungen, die keine nationalen Alleingänge erlauben. Internationale Beschlüsse wie das Pariser Klimaabkommen oder das Übereinkommen über die biologische Vielfalt spielen eine zentrale Rolle bei der Koordinierung der Bemühungen der Länder. Diese Abkommen schaffen die Grundlage für die gemeinsame Verantwortung aller Staaten, die globalen Umweltziele zu erreichen und konkrete Maßnahmen zu ergreifen, die den Klimawandel bremsen, die Artenvielfalt erhalten und die Verschmutzung reduzieren. Die Rolle der Politik in der Bewältigung globaler Umweltprobleme geht somit über den nationalen Rahmen hinaus. Multilaterale Zusammenarbeit, etwa im Rahmen der Vereinten Nationen oder durch bilaterale Partnerschaften, ist notwendig, um gemeinsame Lösungen zu entwickeln und damit alle Länder, insbesondere Schwellen- und Entwicklungsländer, ihren Beitrag leisten können. Hierbei ist es von entscheidender Bedeutung, die sozialen und wirtschaftlichen Unterschiede zwischen den Ländern zu berücksichtigen und den globalen Süden in den Dialog über Umweltstrategien einzubeziehen.

Nur durch eine faire, inklusive und gerechte internationale Zusammenarbeit können nachhaltige Lösungen für die drängenden Umweltprobleme gefunden werden. Die politische Verantwortung für ökologische Nachhaltigkeit ist also sowohl eine nationale als auch eine globale Herausforderung. Nur durch umfassende, gut koordinierte politische Maßnahmen auf allen Ebenen – von lokalen Initiativen bis hin zu internationalen Vereinbarungen – können wir eine nachhaltige Zukunft für kommende Generationen sichern.

Politik kann die notwendigen Rahmenbedingungen schaffen, aber der Erfolg dieser Bemühungen hängt von der Bereitschaft aller gesellschaftlichen Akteure ab, aktiv an der Umgestaltung hin zu einer nachhaltigen und ökologisch verantwortungsvollen Weltwirtschaft mitzuwirken.

Folgerung:

Die Umwelt ist unzweifelhaft eine fundamentale Grundlage für den Wohlstand der Menschheit. Ohne eine intakte und gesunde Natur sind weder wirtschaftlicher Erfolg noch soziale Gerechtigkeit auf lange Sicht nachhaltig. Die Ressourcen unserer Erde sind endlich und können nicht unbegrenzt ausgebeutet werden. Ihre missbräuchliche Nutzung führt zu irreparablen Schäden, die nicht nur die Umwelt selbst betreffen, sondern auch die Lebensqualität der gesamten Menschheit gefährden. Der Raubbau an natürlichen Ressourcen, die fortschreitende Zerstörung von Lebensräumen und die zunehmende Verschmutzung von Luft, Wasser und Böden sind bereits heute globale Herausforderungen, die tief in die soziale und wirtschaftliche Struktur eingreifen. Die Auswirkungen dieser Entwicklungen sind weltweit spürbar und betreffen besonders die verletzlichsten Regionen, die mit den Folgen des Klimawandels und der Umweltzerstörung konfrontiert sind, obwohl sie oft wenig dazu beigetragen haben. Ökologische Nachhaltigkeit bildet daher den Schlüssel zu einem langfristigen und gerechten Wohlstand. Sie ist weit mehr als ein einfaches Konzept des Umweltschutzes. Sie fordert ein Umdenken in den Wirtschafts-, Sozial- und Bildungssystemen. Nachhaltigkeit bedeutet, mit den natürlichen Ressourcen so umzugehen, dass sie für zukünftige Generationen erhalten bleiben, ohne den wirtschaftlichen und sozialen Fortschritt aufs Spiel zu setzen. Nur durch die bewusste Minimierung des ökologischen Fußabdrucks – durch Ressourcenschonung, Wiederverwertung und die Nutzung erneuerbarer Energien – können wir eine stabile und gerechte wirtschaftliche Zukunft sichern. Zudem ist Nachhaltigkeit eng mit der sozialen Gerechtigkeit verbunden. Der Klimawandel und die ökologische Ausbeutung betreffen nicht nur die Umwelt, sondern verstärken auch die sozialen und wirtschaftlichen Ungleichgewichte. Naturkatastrophen, Wassermangel, Nahrungsmittelknappheit und extreme Wetterereignisse führen zu Verwerfungen in Gesellschaften und destabilisieren die Wirtschaftssysteme, was vor allem den ärmeren und vulnerableren Teilen der Bevölkerung schadet.

Wenn wir die natürlichen Lebensgrundlagen zerstören, vernichten wir gleichzeitig die Grundlage für die soziale Stabilität und den Wohlstand künftiger Generationen. Ein nachhaltiger Wohlstand ist daher nur möglich, wenn wir das Bewusstsein für ökologische Zusammenhänge in der gesamten Gesellschaft schärfen und einen grundsätzlichen Wandel in der Art und Weise vollziehen, wie wir über Wachstum und Wohlstand denken. Der Umgang mit der Umwelt muss nicht nur als Aufgabe von Politik und Unternehmen, sondern als gesellschaftliche Verantwortung verstanden werden. Es reicht nicht aus, lediglich den ökologischen Fußabdruck zu verkleinern oder umweltfreundliche Technologien einzuführen. Vielmehr müssen wir den gesamten wirtschaftlichen und sozialen Entwicklungsprozess neu denken und auf eine zukunftsfähige Basis stellen. Bildung spielt in diesem Prozess eine entscheidende Rolle. Nur durch eine breite gesellschaftliche Sensibilisierung und die Vermittlung von Wissen über ökologische Zusammenhänge können wir ein Bewusstsein für den Wert der Umwelt und für die Notwendigkeit eines nachhaltigen Handelns schaffen. Die Politik muss dabei als zentrale Steuerkraft fungieren, indem sie klare und umfassende gesetzliche Rahmenbedingungen setzt, die den Schutz der Umwelt und die gerechte Verteilung von Ressourcen sicherstellen. Dies erfordert nicht nur die Förderung von klimafreundlichen Technologien und den Ausbau von erneuerbaren Energien, sondern auch die Sicherstellung, dass die negativen externen Effekte von umweltschädlichem Verhalten internalisiert werden. Staaten müssen internationale Vereinbarungen zur Bekämpfung des Klimawandels unterstützen, um eine weltweite Reduzierung von CO_2-Emissionen und die Förderung der Nachhaltigkeit zu gewährleisten. Sie sind auch gefordert, Ressourcenverteilung und -verwendung so zu gestalten, dass der Zugang zu diesen für alle Menschen gerecht und nachhaltig ist. Eine verantwortungsvolle Ressourcennutzung muss in die politischen und wirtschaftlichen Entscheidungsprozesse integriert werden, um die natürliche Umwelt nicht über die Tragfähigkeit hinaus zu belasten. Unternehmen spielen ebenfalls eine Schlüsselrolle. Sie müssen nicht nur profitabel sein, sondern auch Verantwortung für ihre Umwelt- und Sozialstandards übernehmen. Dies bedeutet, dass sie ihren gesamten Produktions- und Geschäftsprozess hinsichtlich ökologischer Auswirkungen und sozialer Gerechtigkeit überprüfen müssen. Nachhaltigkeit muss als Teil des unternehmerischen Erfolgs und nicht als zusätzliche Belastung betrachtet werden. Unternehmen, die in innovative, ressourcenschonende Technologien investieren und ihre Geschäftsmodelle auf Kreislaufwirtschaft und Umweltfreundlichkeit ausrichten, können nicht nur einen positiven Beitrag zur Gesellschaft leisten, sondern auch langfristig Wettbewerbsvorteile sichern. Darüber hinaus ist die Zivilgesellschaft gefragt. Bürgerinnen und Bürger müssen sich ihrer Verantwortung bewusstwerden und durch aktive Kaufentscheidungen und nachhaltige Lebensweisen den Druck auf Unternehmen und Politik erhöhen. Sie sind ein wichtiger Treiber für gesellschaftlichen Wandel, indem sie für den Schutz der Umwelt und die Förderung von sozialer Gerechtigkeit eintreten. Konsumgewohnheiten müssen sich ändern, hin zu nachhaltigeren Alternativen, die den ökologischen Fußabdruck minimieren und den Wert der Natur respektieren.

In diesem umfassenden und tiefgreifenden Verständnis von Nachhaltigkeit liegt der Schlüssel für die Schaffung einer Zukunft, die sowohl den Wohlstand der heutigen

Generationen sichert als auch die Lebensqualität und die wirtschaftlichen Perspektiven zukünftiger Generationen schützt. Es ist unsere Aufgabe, die ökologische, soziale und wirtschaftliche Dimension von Nachhaltigkeit miteinander zu verbinden und einen Weg zu finden, wie wir den Wohlstand nicht auf Kosten der Umwelt aufbauen, sondern vielmehr auf der Grundlage eines verantwortungsvollen Umgangs mit den natürlichen Ressourcen.

Indem wir den Einklang zwischen Umwelt und Wohlstand herstellen und ökologische Nachhaltigkeit als Basis für unsere Wirtschafts- und Gesellschaftsmodelle anerkennen, schaffen wir eine gerechtere und wohlhabendere Zukunft für alle. Diese Zukunft ist nicht nur eine der wirtschaftlichen Prosperität, sondern auch eine der sozialen Gerechtigkeit und ökologischen Balance. Es ist ein integratives Modell, das die Interessen von Menschen, Gesellschaft und Umwelt in Einklang bringt und somit den Weg für eine lebenswerte und stabile Welt für kommende Generationen ebnet. Nur so können wir den Wohlstand langfristig gewährleisten und zugleich die Basis für eine gerechte, nachhaltige und prosperierende Zukunft für alle legen.

Kapitel 6

KULTURELLE UND GESELLSCHAFTLICHE WERTE

In einer Welt, die von stetem Wandel geprägt ist und in der materielle Errungenschaften sowie wirtschaftlicher Erfolg als Maßstab für persönlichen und gesellschaftlichen Fortschritt stehen, geraten die immateriellen Werte immer mehr in Vergessenheit. Werte wie Respekt, Anstand, Verantwortung und Mitgefühl, die einst als Grundpfeiler jeder Gemeinschaft galten, treten zunehmend in den Hintergrund. Diese kulturellen und gesellschaftlichen Werte sind jedoch unverzichtbar – sie schaffen das Fundament für ein friedliches und harmonisches Zusammenleben und sind essenziell für das persönliche Wohlbefinden und die psychische Gesundheit des Einzelnen. Dieses Kapitel beleuchtet die zentrale Rolle, die diese Werte in einer wahrhaft wohlhabenden Gesellschaft spielen. Es geht dabei nicht nur um den materiellen Reichtum, der oft im Vordergrund steht, sondern auch um den inneren Reichtum, den soziale Werte und ethische Grundhaltungen mit sich bringen. Eine Gesellschaft, die auf gegenseitigem Respekt, Verantwortung füreinander und Mitgefühl basiert, fördert die soziale Stabilität und das Vertrauen zwischen ihren

Mitgliedern. Werden diese Werte jedoch vernachlässigt, so zeigen sich Folgen, die das Zusammenleben negativ beeinflussen: Missgunst, Rücksichtslosigkeit und ein wachsendes Gefühl der Entfremdung, was letztlich zu sozialen Spannungen und einer Verschärfung von Konflikten führt.

Das Kapitel stellt die Frage, welche langfristigen Auswirkungen der Verlust solcher Werte auf das Wohl einer Gesellschaft haben kann und welche Mechanismen nötig sind, um diesen Werten wieder den Stellenwert zu geben, der ihnen gebührt. Es untersucht, wie ein bewusst gepflegtes soziales Gefüge, das auf Rücksichtnahme und Anstand aufgebaut ist, eine Gesellschaft resilienter und gesünder macht und wie sich der bewusste Umgang mit diesen Werten auf die einzelnen Lebensbereiche auswirken kann – von der Arbeitswelt über den Familienalltag bis hin zur allgemeinen sozialen Interaktion.

Abschließend wird die Bedeutung dieser Werte in den Kontext der heutigen Herausforderungen gestellt: Warum ist gerade in einer Welt, die zunehmend auf Wettbewerb und individuelles Streben fokussiert ist, die Rückbesinnung auf gemeinschaftliche Werte so wichtig? Es wird deutlich, dass echter Wohlstand mehr bedeutet als materielle Sicherheit und dass der Weg zu einer wohlhabenden und stabilen Gesellschaft untrennbar mit der Achtung und Pflege dieser grundlegenden Werte verbunden ist.

Der Wert von Respekt:

Respekt bildet die fundamentale Grundlage jeder zwischenmenschlichen Interaktion und ist ein Eckpfeiler für das Funktionieren einer harmonischen und gerechteren Gesellschaft. Es geht dabei nicht nur um den Umgang mit anderen Menschen, sondern vor allem um die Wertschätzung ihrer Individualität und die Anerkennung der Unterschiede, die uns einzigartig machen. Respekt umfasst die Bereitschaft, die Perspektiven und Bedürfnisse des anderen zu hören und zu verstehen, auch wenn sie sich von den eigenen unterscheiden. Diese Haltung fördert nicht nur Toleranz, sondern auch Empathie, was letztlich zu einem friedlichen und kooperativen Miteinander führt. In einem respektvollen Umfeld fühlen sich Menschen gesehen, anerkannt und wertgeschätzt. Das unterstützt ein positives Selbstwertgefühl und trägt dazu bei, dass sich Individuen sicher und geschätzt fühlen. Davon profitiert auch das soziale Klima, da Vertrauen und Zusammenarbeit vorherrschen. Wenn Menschen sich respektiert fühlen, sind sie eher bereit, Verantwortung zu übernehmen, sich für das Wohl anderer einzusetzen und ihre eigenen Fähigkeiten in den Dienst der Gemeinschaft zu stellen. Daraus resultierten eine stärkere soziale Kohäsion und eine produktivere Zusammenarbeit in allen Bereichen des Lebens – sei es im beruflichen Kontext, im familiären Umfeld oder in der Gesellschaft insgesamt. Der Mangel an Respekt kann jedoch erhebliche negative Auswirkungen haben. Ein respektloser Umgang kann Konflikte, Missverständnisse und Ungerechtigkeiten bedingen, die das soziale Gefüge destabilisieren, ebenso wie Entfremdung und Frustration, was langfristig das Vertrauen in zwischenmenschliche Beziehungen und Institutionen untergräbt. In extremen Fällen kann ein schwerer Mangel an Respekt Gewalt und soziale Spaltung hervorrufen. Daher ist es von großer Bedeutung, in einer Gesellschaft einen respektvollen Dialog zu fördern und respektlose Verhaltensweisen aktiv zu hinterfragen und zu korrigieren. In der heutigen, digital geprägten Welt ist der Wert des Respekts besonders von Bedeutung. Soziale Medien und digitale Kommunikationsplattformen haben die Art und Weise, wie wir miteinander kommunizieren, radikal verändert. Die Anonymität, die diese Plattformen oft bieten, führt nicht selten zu einer Enthemmung der Kommunikation, bei der Menschen sich nicht mehr mit den gleichen Regeln des respektvollen Umgangs ansprechen, die sie in persönlichen Gesprächen befolgen würden. Oft entstehen in diesen virtuellen Räumen Beleidigungen, Hasskommentare und unbedachte Äußerungen, die den Dialog vergiften und das Vertrauen in den respektvollen Austausch von Ideen und Meinungen unterminieren. Gerade in dieser digitalen Ära ist es daher unerlässlich, einen respektvollen Umgang miteinander zu pflegen und in den sozialen Medien und Online-Diskussionen ein Bewusstsein für die Bedeutung von Respekt zu schaffen. Respekt ist nicht nur ein abstrakter Wert, sondern ein praktisches Mittel, um das Miteinander zu fördern und Konflikte zu vermeiden. Er ist die Voraussetzung für die Schaffung eines sozialen Klimas, in dem Vielfalt und Unterschiedlichkeit als Bereicherung angesehen werden und nicht als Bedrohung.

In diesem Kontext muss Respekt in allen gesellschaftlichen Bereichen – sei es in der Familie, am Arbeitsplatz, in der Politik oder in den Medien – aktiv eingeübt werden. Respekt in der Kommunikation sowie in der Art und Weise, wie wir mit anderen umgehen und ihre Bedürfnisse und Rechte anerkennen, ist ein Schlüssel zu einem erfüllten und gerechten Leben in einer pluralistischen Gesellschaft.

Letztlich trägt Respekt zu einem Umfeld bei, in dem sich jeder Mensch entfalten und sein volles Potenzial ausschöpfen kann. Indem wir uns respektvoll begegnen, legen wir den Grundstein für eine Gesellschaft, die von Zusammenhalt, Empathie und konstruktiver Zusammenarbeit geprägt ist. Es liegt an uns allen, den Wert des Respekts zu leben und weiterzugeben – sowohl im persönlichen Umgang als auch im öffentlichen Raum. Nur so können wir eine Zukunft gestalten, in der Verständnis und Toleranz die obersten Werte sind und in der jeder Mensch in seiner Vielfalt geachtet wird.

Anstand und seine Rolle in der Gesellschaft:
Anstand ist ein grundlegendes Konzept im menschlichen Zusammenleben, das sich in der Fähigkeit ausdrückt, in verschiedenen sozialen Kontexten respektvoll, angemessen und mit Rücksicht auf die Bedürfnisse und Gefühle anderer zu handeln. Er basiert auf einer Reihe von ethischen Prinzipien und moralischen Normen, die in jeder Kultur und Gesellschaft eine zentrale Rolle spielen. Zu diesen Prinzipien gehören Höflichkeit, Respekt, Fairness, Empathie und Integrität. Anstand ist nicht nur

eine Frage des persönlichen Verhaltens, sondern auch ein Indikator für den sozialen Zusammenhalt und die Gesundheit einer Gesellschaft. Der Anstand fördert das individuelle Wohlbefinden, indem er ein harmonisches und respektvolles Miteinander ermöglicht, ebenso wie das kollektive Wohl der Gemeinschaft. In einer anständigen Gesellschaft fühlen sich Menschen sicher und geachtet, was das Vertrauen in zwischenmenschliche Beziehungen stärkt und die soziale Ordnung stabilisiert. Durch anständiges Verhalten entstehen positive Interaktionen, die das Fundament für eine vertrauensvolle und respektvolle Gemeinschaft bilden. Dies wiederum stärkt Kooperation, Solidarität und ein funktionierendes soziales Gefüge. In der heutigen Zeit, in der materielle Werte und kurzfristiger Erfolg oftmals über allem anderen zu stehen scheinen, wird der Anstand leider zunehmend vernachlässigt. Viele Menschen konzentrieren sich stärker auf den eigenen Vorteil und die Maximierung des persönlichen Gewinns; häufig auf Kosten der Gemeinschaft. Dieses Verhalten führt zu einer immer stärkeren Betonung des Individualismus und der Konkurrenz, was einen Schwund des sozialen Zusammenhalts bedeutet.

Anstand wird in diesem Kontext oft als veraltet oder überflüssig qualifiziert, während eigennützige Interessen und das Streben nach materiellem Erfolg als die vorrangigen Ziele im Leben betrachtet werden. Ein deutliches Beispiel für diesen Wandel ist die sogenannte Ellenbogengesellschaft. In dieser Gesellschaftsform werden Wettbewerb und Egoismus als erstrebenswerte Eigenschaften gepriesen. Individuen nehmen in Kauf, ihre eigenen Ziele auf Kosten anderer zu erreichen, wobei Zusammenarbeit und Solidarität in den Hintergrund rücken. Dieser Trend führt zu einer zunehmenden Entfremdung der Menschen voneinander und schürt Misstrauen. Wenn jeder nur noch an sich selbst denkt und das Wohl der anderen ignoriert, entstehen Spannungen und Konflikte, die das soziale Gefüge destabilisieren. In einer Gesellschaft, die sich zunehmend von anständigen Werten entfernt, entsteht ein Klima der Unsicherheit und des Misstrauens. Menschen fühlen sich nicht mehr sicher, auf die Unterstützung und das Vertrauen ihrer Mitmenschen zählen zu können. Dadurch können Ängste und Spannungen zunehmen, die die soziale Kohäsion weiter untergraben.

Umgekehrt kann die Rückbesinnung auf Anstand und ethische Grundwerte einen positiven Einfluss auf das soziale Miteinander haben und dazu beitragen, das Vertrauen und den Zusammenhalt in der Gesellschaft zu stärken. Es ist daher von entscheidender Bedeutung, dass der Anstand nicht nur als individuelle Tugend, sondern auch als gesellschaftliche Verpflichtung verstanden wird. Jeder Einzelne trägt dazu bei, wie eine Gesellschaft funktioniert und wie ihre Mitglieder miteinander umgehen.

Indem wir anständiges Verhalten in unseren Alltag integrieren und die Werte des Respekts, der Fairness und der Empathie pflegen, können wir zu einer gerechteren und harmonischeren Gemeinschaft verhelfen. Zusammenfassend lässt sich sagen, dass Anstand mehr ist als nur ein persönliches Attribut – er ist ein unverzichtbarer Bestandteil für das Wohl einer funktionierenden Gesellschaft. In Zeiten, in denen egoistische und materialistische Werte oft dominieren, ist es wichtiger denn je, sich auf die Prinzipien des Anstands zu besinnen und sie aktiv zu leben, um so die soziale Ordnung zu wahren und das Vertrauen in zwischenmenschliche Beziehungen zu stärken.

Verantwortung als Grundlage des Wohlstands:
Verantwortung prägt das Handeln von Individuen und Gemeinschaften und bildet das Fundament einer jeden nachhaltigen und prosperierenden Gesellschaft. Sie ist mehr als nur eine moralische Verpflichtung – Verantwortung bedeutet, aktiv zu erkennen, dass jedes Handeln Auswirkungen hat und dass diese Auswirkungen weit über den eigenen Mikrokosmos hinausreichen. Sie ist der Schlüssel, um sowohl persönlichen als auch gemeinschaftlichen Wohlstand zu gewährleisten. Verantwortung umfasst dabei sowohl die individuelle als auch die gesellschaftliche Ebene, die in einer gut funktionierenden Gesellschaft untrennbar miteinander verbunden sind.

Individuelle Verantwortung ist der erste und grundlegende Schritt auf dem Weg zu Wohlstand, der mehr umfasst als rein materielle Aspekte. Sie verlangt von jedem Einzelnen, die Konsequenzen des eigenen Handelns zu verstehen und in Entscheidungen zu integrieren, die sowohl sich selbst als auch der Gemeinschaft zugutekommen. Dies bedeutet, dass Individuen in ihrem täglichen Leben bewusst Verantwortung für ihre Handlungen und deren Auswirkungen auf andere übernehmen. In der Praxis zeigt sich Verantwortung darin, ethische Prinzipien zu achten, sich kontinuierlich weiterzubilden und in einem respektvollen Umgang miteinander zu handeln. Ein verantwortungsbewusster Mensch erkennt, dass sein Erfolg nicht nur von seinen eigenen Anstrengungen abhängt, sondern auch von einem positiven sozialen Umfeld und einem respektvollen Miteinander, welches er aktiv mitgestaltet. Gesellschaftliche Verantwortung geht noch weiter und betrifft die Verantwortung der Gemeinschaften als Ganzes, für die Schaffung eines Umfelds zu sorgen, das den Wohlstand aller fördert. Dies schließt die soziale, wirtschaftliche und ökologische Dimension mit ein. Gesellschaftliche Verantwortung bedeutet, Strukturen zu schaffen, die nicht nur den materiellen Wohlstand sichern, sondern auch für soziale Gerechtigkeit, Gleichberechtigung und Chancengleichheit sorgen. Es geht um politische und wirtschaftliche Rahmenbedingungen, die eine nachhaltige Entwicklung unterstützen und den langfristigen Wohlstand der Gemeinschaft gewährleisten. Gesellschaftliche Verantwortung bedeutet auch, für das Gemeinwohl zu handeln, beispielsweise durch die Förderung von Bildung, die Verbesserung der Lebensbedingungen der weniger privilegierten Mitglieder der Gesellschaft und den Schutz der Umwelt. Eine wohlhabende Gesellschaft zeichnet sich nicht nur durch materiellen Reichtum aus, sondern auch durch ein hohes Maß an sozialer Verantwortung.

Wohlstand in einer Gesellschaft wird dann nicht nur an den individuellen Erfolgen gemessen, sondern auch an der Fähigkeit der Gemeinschaft, fair und nachhaltig mit Ressourcen umzugehen und soziale Ungleichgewichte zu minimieren. Verantwortung zu übernehmen, besteht ebenso darin, sich für das Wohl der nachfolgenden Generationen einzusetzen und die Welt in einem besseren Zustand zu hinterlassen, als man sie vorgefunden hat. Dies schließt sowohl den verantwortungsvollen Umgang mit natürlichen Ressourcen als auch die Förderung einer gerechten und inklusiven Gesellschaft ein, in der die Bedürfnisse aller berücksichtigt werden.

Verantwortungslosigkeit hingegen kann schwerwiegende Konsequenzen nach sich ziehen und die Grundlagen für Wohlstand zerstören. Wenn Individuen oder Gesellschaften die Auswirkungen ihres Handelns ignorieren oder in ihrem Tun nur kurzfristige Vorteile suchen, sind die langfristigen Folgen verheerend. Umweltzerstörung, soziale Ungleichheit und politische Instabilität sind nur einige der gravierenden Auswirkungen von Verantwortungslosigkeit. Die Umweltverschmutzung, die durch unüberlegte industrielle Praktiken entsteht, schadet nicht nur der Natur, sondern auch der Lebensqualität zukünftiger Generationen. Soziale Ungerechtigkeit, wie sie durch ungleiche Bildungs- und Arbeitsmarktchancen ausgelöst wird, führt zu einer Kluft zwischen verschiedenen Bevölkerungsgruppen und gefährdet den sozialen Frieden. Politische Instabilität wiederum kann durch fehlende Verantwortung auf allen Ebenen des Staates aufkeimen und das Fundament einer Gesellschaft erschüttern.

Verantwortung als Grundlage des Wohlstands bedeutet daher, dass jeder Einzelne sowie jede Gemeinschaft die langfristigen Konsequenzen ihrer Entscheidungen und Handlungen in den Blick nehmen muss. Sie ist der Schlüssel zu einem Wohlstand, der nicht nur materiellen Reichtum umfasst, sondern auch soziale, kulturelle und ökologische Werte fördert. Ein verantwortungsvoller Umgang mit den Ressourcen dieser Welt – sei es durch ethisches Wirtschaften, durch den respektvollen Umgang mit der Natur oder durch den Schutz der sozialen Gerechtigkeit – ist unerlässlich, um eine stabile und prosperierende Gesellschaft zu schaffen. Nur durch kollektive Verantwortung und das Bemühen um ein ausgewogenes Verhältnis zwischen den Bedürfnissen der Gegenwart und den Anforderungen der Zukunft wird es möglich sein, Wohlstand in all seinen Facetten zu sichern und zu vergrößern.

Mitgefühl und die Bedeutung für die Gesellschaft:
Mitgefühl ist eine der grundlegenden menschlichen Eigenschaften, die uns in die Lage versetzt, die Gefühle, Ängste und Bedürfnisse anderer Menschen wahrzunehmen und darauf einfühlsam zu reagieren. Es geht über bloße Sympathie hinaus, da es nicht nur das Verständnis für das Leid oder die Freude eines anderen umfasst, sondern auch den Wunsch, daraufhin zu handeln, um zu helfen oder zu unterstützen. In einer Zeit, in der gesellschaftliche Spannungen, Ungleichheiten und Entfremdung zunehmen, ist Mitgefühl wichtiger denn je, um eine gerechte, faire und zusammenhaltende Gesellschaft zu fördern.

In einer Gesellschaft, die Mitgefühl lebt, wird der Einzelne nicht nur als isoliertes Individuum betrachtet, sondern als Teil eines größeren Ganzen, in dem das Wohl aller miteinander verbunden ist. Mitgefühl fördert die Vorstellung einer solidarischen Gemeinschaft, in der Menschen einander nicht nur tolerieren, sondern aktiv füreinander sorgen. Es kreiert sozialen Zusammenhalt, da es Brücken zwischen unterschiedlichen Menschen und Kulturen schlägt und Vorurteile, Missverständnisse und Isolation abbaut. In einem solchen Umfeld wachsen soziale Bindungen, die das Fundament einer harmonischen und stabilen Gesellschaft bilden. Ein zentrales Merkmal einer mitfühlenden Gesellschaft ist, dass sie sich nicht nur um das Wohl der privilegierten Mitglieder kümmert, sondern auch die Bedürfnisse der weniger Begünstigten nicht aus den Augen verliert. Eine solche Gesellschaft zeigt Empathie gegenüber den Schwächeren und ist bereit, aktiv Verantwortung für ihre Bedürfnisse zu übernehmen. In einer Welt, in der materielle Werte oft im Vordergrund stehen, stellt Mitgefühl einen wertvollen Ausgleich dar, der nicht nur das materielle, sondern auch das geistige und emotionale Wohl der Gesellschaft stärkt.

Fehlt jedoch Mitgefühl in einer Gesellschaft, kann sich dies gravierend auswirken. In einem Klima der Gleichgültigkeit, des Egoismus und der Entfremdung fühlen sich viele Menschen allein, ungehört und ausgegrenzt. Besonders die Schwächeren – wie Kinder, Alte, Kranke oder sozial benachteiligte Menschen – haben dann oft keine Stimme, um ihre Bedürfnisse zu äußern. Die Gesellschaft als Ganzes wird somit anfälliger für soziale Ungleichheiten und Ungerechtigkeiten. In einem solchen

Umfeld werden soziale Probleme nicht ernst genommen oder ignoriert, was dazu führt, dass die Kluft zwischen den gesellschaftlichen Schichten immer größer wird. Menschen geraten in Armut, Bildung und Chancen bleiben unzugänglich, und die Kluft zwischen den Wohlhabenden und den Bedürftigen wächst weiter. Indem wir Mitgefühl als einen zentralen Wert in der Gesellschaft wieder ins Bewusstsein rücken, können wir diesem gefährlichen Trend entgegenwirken. Mitgefühl fördert den Dialog, die Zusammenarbeit und das Verständnis zwischen verschiedenen gesellschaftlichen Gruppen. Es kann dazu beitragen, bestehende Ungleichheiten zu verringern und den sozialen Frieden zu sichern, indem es die Bedürfnisse derjenigen, die am meisten unter den strukturellen Ungerechtigkeiten leiden, in den Vordergrund stellt. Darüber hinaus kann Mitgefühl eine Quelle der persönlichen und kollektiven Transformation sein.

Wenn Menschen in einer Gesellschaft Mitgefühl erfahren, stärkt es ihr Gefühl der Zugehörigkeit und ihres Wertes. Sie fühlen sich unterstützt, anerkannt und motiviert, ihrerseits für andere da zu sein. Diese wechselseitige Unterstützung kann sich in einer positiven Spirale des Wohlwollens und des gegenseitigen Respekts manifestieren. Mitgefühl ist nicht nur eine individuelle Haltung, sondern eine gesellschaftliche Haltung, die sich in verschiedenen sozialen, politischen und wirtschaftlichen Systemen niederschlagen muss. Es sollte in Bildungseinrichtungen, in der Arbeitswelt und in der Politik gleichermaßen gefördert werden. Eine mitfühlende Gesellschaft ist nicht nur eine, die in Notlagen einspringt, sondern auch eine, die präventiv handelt, um die Ursachen von Ungerechtigkeit und Leid zu bekämpfen. Wenn wir Mitgefühl als eine tragende Säule unserer Gesellschaft etablieren, haben wir die Möglichkeit, eine Zukunft zu gestalten, in der alle Menschen, unabhängig von ihrem sozialen Status, ihrer Herkunft oder ihren persönlichen Umständen, die Unterstützung und das Verständnis erfahren, die sie benötigen, um ihr Leben in Würde und Zufriedenheit zu führen. Eine mitfühlende Gesellschaft ist nicht nur in der Lage, sich um die Schwächsten zu kümmern, sondern hat auch die Fähigkeit, ihre eigenen Werte und Prioritäten zu überdenken und zu einem kollektiven Wohlstand beizutragen, der nicht nur materiellen Reichtum umfasst, sondern auch das Wohl aller ihrer Mitglieder im Blick behält.

Letztlich ist Mitgefühl die Grundlage für eine gerechte und nachhaltige Gesellschaft, die nicht nur den momentanen Wohlstand, sondern auch die langfristige soziale Kohäsion und das gemeinsame Wohl aller Menschen sicherstellt. Nur wenn wir als Gesellschaft bereit sind, Mitgefühl nicht nur als abstrakten Wert zu preisen, sondern aktiv in unserem täglichen Leben zu praktizieren, können wir eine Welt schaffen, die für alle fairer und lebenswerter ist.

Der Verlust immaterieller Werte und seine Folgen:
Der Verlust von immateriellen Werten wie Respekt, Anstand, Verantwortung und Mitgefühl hat tiefgreifende und weitreichende Konsequenzen für das gesellschaftliche Zusammenleben. Diese Werte bilden das Fun-

dament einer funktionierenden Gesellschaft und sind entscheidend für das Wohl aller. Sie prägen den zwischenmenschlichen Umgang, die sozialen Beziehungen und die Art und Weise, wie Menschen gemeinsam leben und zusammenarbeiten. In einer Zeit, in der materielle Errungenschaften und individueller Erfolg zunehmend im Mittelpunkt stehen, werden diese immateriellen Werte leider immer häufiger vernachlässigt. So gerät das Bewusstsein für das größere Gemeinwohl zunehmend in den Hintergrund. Der Fokus auf den eigenen Vorteil führt zu einer Individualisierung, die den Gemeinschaftssinn schwächt.

Es wird immer schwieriger, über den eigenen Horizont hinauszublicken und Verantwortung für das Wohlergehen anderer zu übernehmen. Dies hat nicht nur Auswirkungen auf das soziale Miteinander, sondern auch auf die Fähigkeit einer Gesellschaft, sich gemeinsamen Herausforderungen zu stellen und langfristige Ziele zu verfolgen. Die Abkehr von immateriellen Werten führt zu einem Rückgang des sozialen Kapitals, jenem unsichtbaren Netz aus Vertrauen, Solidarität und Zusammenarbeit, das für das Funktionieren einer Gesellschaft unerlässlich ist. Ohne das soziale Kapital entsteht eine Atmosphäre der Entfremdung, in der sich immer weniger Menschen für das Wohl ihrer Mitmenschen einsetzen. Die Folgen sind in Form von zunehmenden sozialen Spannungen und Ungleichgewichten spürbar. Vorurteile, Diskriminierung und Gewalt gewinnen an Raum, da die Bereitschaft, sich in die Perspektive des anderen zu versetzen und gegenseitige Unterstützung zu leisten, schwindet. In einer solchen Gesellschaft, in der die Bedeutung materieller Werte über die immateriellen Werte gestellt wird, verliert die Gemeinschaft an Zusammenhalt und Identität. Anstelle eines gemeinsamen, respektvollen Miteinanders werden der Individualismus und der Wettbewerb um Ressourcen zum beherrschenden Prinzip. Dies zerrüttet nicht nur das soziale Gefüge, sondern verringert auch die Lebensqualität aller.

Wenn wir als Gesellschaft die Fähigkeit verlieren, Verantwortung zu übernehmen und Mitgefühl zu zeigen, verlieren wir ebenfalls die Grundlage für echte Zusammenarbeit und Vertrauen. Die Auswirkungen dieser Entwicklung sind weitreichend. Neben der Zunahme von Konflikten und Missverständnissen in der Gesellschaft kann der Verlust von immateriellen Werten auch die Entwicklung von sozialen und politischen Institutionen beeinträchtigen.

Ohne die Grundlage des gegenseitigen Respekts und der Verantwortung wird es immer schwieriger, Lösungen für die Herausforderungen unserer Zeit zu finden – sei es im Bereich des Klimawandels, der sozialen Gerechtigkeit oder der globalen Zusammenarbeit. Es entsteht eine Atmosphäre der Unsicherheit und der Frustration, in der sich jeder nur noch auf sich selbst konzentriert. In einer Welt, in der materielle Werte als Maßstab für Erfolg und Wohlstand gelten, ist es von entscheidender Bedeutung, immaterielle Werte wieder ins Bewusstsein zu rücken. Diese sind nicht nur der moralische Kompass einer Gesellschaft, sondern auch die Grundlage für ein nachhaltiges und respektvolles Zusammenleben. Eine

Gesellschaft, die auf Respekt, Verantwortung, Mitgefühl und Anstand setzt, schafft nicht nur Wohlstand im materiellen Sinne, sondern auch soziale Stabilität, Vertrauen und eine echte Gemeinschaft. Es ist an der Zeit, dass wir uns wieder auf die immateriellen Werte besinnen, die das Rückgrat einer funktionierenden und gerechten Gesellschaft bilden. Nur so können wir verhindern, dass die zunehmende Orientierung an materiellen Werten zu einer Zerreißprobe für das gesellschaftliche Zusammenleben wird.

Die Rolle der Erziehung und Bildung:
Die Rolle der Erziehung und Bildung in der Stärkung kultureller und gesellschaftlicher Werte ist fundamental für die zukünftige Entwicklung einer Gesellschaft. Bildungseinrichtungen haben die Verantwortung, nicht nur fachliches Wissen zu vermitteln, sondern auch eine Wertebasis zu schaffen, die junge Menschen auf ihr späteres Leben als verantwortungsbewusste, empathische und engagierte Bürger vorbereitet. In einer Zeit, in der gesellschaftliche und kulturelle Werte oft im Wandel begriffen sind und schnell an Bedeutung verlieren können, ist es entscheidend, diesen Bereichen im Bildungssystem die notwendige Aufmerksamkeit zu schenken. Bildung darf nicht nur als reines Vermitteln von Wissen und technischen Fähigkeiten verstanden werden. Vielmehr sollte sie auch darauf hinzielen, ethische Prinzipien zu stärken und die sozialen Kompetenzen der Schüler zu fördern. Werte wie Respekt, Anstand, Mitgefühl und Verantwortung sind keine Selbstverständlichkeit, son-

dern müssen aktiv und kontinuierlich gelehrt werden. Die Schule und andere Bildungsinstitutionen müssen eine Umgebung schaffen, in der diese Werte nicht nur theoretisch behandelt werden, sondern in praktischen Erfahrungen und alltäglichen Interaktionen erlebbar sind.

Durch die Integration solcher Werte in den Lehrplan und das Schaffen von Raum für Diskussionen und Reflexionen können Schüler lernen, Verantwortung zu übernehmen und die Auswirkungen ihres Handelns auf andere zu verstehen. Respekt vor unterschiedlichen Meinungen, Empathie für die Bedürfnisse anderer und das Erkennen von Ungerechtigkeit sind Eigenschaften, die von einer frühen Bildung an gefördert werden sollten. Bildungsinstitutionen können den jungen Menschen beibringen, dass das Streben nach Wissen und Erfolg untrennbar mit einer Verantwortung gegenüber der Gesellschaft und der Umwelt verbunden ist. Ein wichtiger Bestandteil dieser Wertevermittlung sind auch Gemeinschaftsprojekte und soziales Engagement. Solche Initiativen entwickeln nicht nur das Bewusstsein für gesellschaftliche Verantwortung, sondern auch die Fähigkeit zur Zusammenarbeit, zur Konfliktlösung und zur Unterstützung anderer. Indem junge Menschen lernen, in Teams zu arbeiten, sich für gemeinnützige Projekte zu engagieren und die sozialen Herausforderungen ihrer Mitmenschen zu verstehen, erfahren sie direkt die positive Wirkung von Mitgefühl und Solidarität. Diese Erfahrungen stärken nicht nur das Gemeinschaftsgefühl, sondern auch das individuelle Verantwortungsbewusstsein und die Bereitschaft, sich langfristig für das Wohl der Allgemeinheit einzusetzen. Darüber hinaus können solche Projekte dazu beitragen, die Bedeutung von Teamarbeit und die Fähigkeit zur interdisziplinären Zusammenarbeit zu betonen – zwei essenzielle Kompetenzen in einer zunehmend komplexen und globalisierten Welt. Sie lehren, dass wahre Stärke nicht nur im individuellen Erfolg, sondern auch in der Zusammenarbeit für ein gemeinsames Ziel zu finden ist. So wird aus einem Engagement für das Wohl anderer nicht nur ein moralischer Wert, sondern auch ein praktisches Ziel für die persönliche und gesellschaftliche Entwicklung. Indem wir die Erziehung und Bildung als einen Prozess begreifen, der weit über das Vermitteln von Fakten hinausgeht, schaffen wir die Grundlage für eine Gesellschaft, die nicht nur auf materiellem Wohlstand, sondern auch auf sozialen und kulturellen Werten aufbaut. Wenn Kinder und Jugendliche in einem Umfeld aufwachsen, das sie zu Verantwortung und Mitgefühl ermutigt, können sie zu Erwachsenen werden, die nicht nur erfolgreich in ihrem Beruf sind, sondern auch aktiv zur Verbesserung ihrer Gemeinschaft und der Welt beitragen.

Die Förderung solcher Werte im Bildungsprozess ist ein langfristiger Investitionsprozess. Sie legt den Grundstein für eine harmonische, respektvolle und gerechte Zukunft. In einer Zeit, in der technologische Innovation und wirtschaftlicher Fortschritt oft das Maß aller Dinge zu sein scheinen, ist es umso wichtiger, dass wir uns stets bewusst machen, dass der wahre Wohlstand einer Gesellschaft nicht nur in ihrem ökonomischen Erfolg liegt, sondern auch in ihrer Fähigkeit, Empathie, Gerechtigkeit und Verantwortung zu leben.

Werte in der Wirtschaft:
Die wirtschaftliche Dimension kultureller und gesellschaftlicher Werte ist ein entscheidender Faktor, der nicht nur den unmittelbaren Erfolg eines Unternehmens beeinflusst, sondern auch seine langfristige Zukunftsfähigkeit und gesellschaftliche Verantwortung bestimmt. In einer Zeit, in der Unternehmen zunehmend als gesellschaftliche Akteure wahrgenommen werden, ist es unerlässlich, dass sie die Auswirkungen ihrer Entscheidungen auf alle Beteiligten berücksichtigen – von den eigenen Mitarbeitern über die Gemeinschaft bis hin zur Umwelt. Die Rolle von Unternehmen geht weit über die Bereitstellung von Waren und Dienstleistungen hinaus; sie ist untrennbar mit den sozialen und ethischen Normen einer Gesellschaft verbunden. Die Werte, die ein Unternehmen vertritt und in seiner täglichen Geschäftspraxis umsetzt, haben daher weitreichende Auswirkungen auf den wirtschaftlichen Erfolg und die gesellschaftliche Wahrnehmung. Unternehmen, die eine Unternehmensführung praktizieren, die auf Respekt, Verantwortung und Mitgefühl basiert, schaffen ein Arbeitsumfeld, das nicht nur von hoher Produktivität geprägt ist, sondern auch von persönlicher Zufriedenheit und langfristiger Mitarbeiterbindung. Respekt vor den individuellen Bedürfnissen und Werten der Mitarbeiter, transparente Kommunikation und faire Behandlung führen zu einer höheren Motivation und Identifikation

mit dem Unternehmen. Wenn Mitarbeitende das Gefühl haben, dass ihre Arbeit geschätzt wird und dass sie nicht nur als Ressource, sondern als wertvoller Teil des Unternehmens eingeordnet werden, sind sie eher bereit, ihre Bestleistungen zu erbringen und sich langfristig zu engagieren. Dieses Engagement fördert das Betriebsklima und hat einen direkten Einfluss auf die Innovationskraft und die Effizienz eines Unternehmens.

Die Verantwortung, die Unternehmen gegenüber ihren Mitarbeitenden tragen, geht über faire Arbeitsbedingungen und eine gerechte Entlohnung hinaus. Sie schließt auch die Verantwortung für die persönliche und berufliche Entwicklung der Mitarbeiter mit ein. Unternehmen, die in Fort- und Weiterbildungsprogramme investieren, schaffen nicht nur Mehrwert für ihre Mitarbeiter, sondern fördern auch eine Kultur des kontinuierlichen Lernens und der Anpassungsfähigkeit. Dies ist besonders in einer zunehmend schnelllebigen und technologiegetriebenen Wirtschaft von entscheidender Bedeutung, in der Unternehmen ständig auf Veränderungen reagieren müssen, um wettbewerbsfähig zu bleiben. Ein weiterer fundamentaler Aspekt einer ethisch orientierten Unternehmensführung ist die Verantwortung gegenüber der Gesellschaft und der Umwelt. Unternehmen, die ihre soziale und ökologische Verantwortung ernst nehmen, kreieren nachhaltige Geschäftsmodelle, die nicht nur den aktuellen Bedürfnissen gerecht werden, sondern auch die Bedürfnisse zukünftiger Generationen berücksichtigen. Die Integration von Nachhaltigkeit in die Unternehmensstrategie ist längst kein

„Nice-to-have" mehr, sondern eine Notwendigkeit. Verbraucher, Investoren und andere Interessengruppen achten auf die ethischen Standards und die ökologischen Auswirkungen von Unternehmensentscheidungen. Unternehmen, die in ihrer Produktionskette auf ökologische Nachhaltigkeit setzen, Ressourcenschonung betreiben und ihre CO_2-Emissionen minimieren, tragen aktiv zu einem umweltbewussteren Wirtschaften bei und erfüllen ihre gesellschaftliche Verantwortung. Zudem gewinnen soziale Verantwortung und die Förderung von Gemeinschaften immer mehr an Bedeutung. Unternehmen, die sich aktiv für soziale Gerechtigkeit, Chancengleichheit und die Unterstützung von marginalisierten Gruppen einsetzen, tragen nicht nur zu einer positiven gesellschaftlichen Entwicklung bei, sondern profitieren auch von einem verstärkten Kundenvertrauen und einer positiven Markenwahrnehmung.

Diese sozialen Initiativen können von der Förderung von Bildungsprojekten über die Unterstützung von Wohltätigkeitsorganisationen bis hin zu Programmen für benachteiligte Mitarbeiter reichen. In einer zunehmend transparenten Welt sind Konsumenten und Gesellschaft sensibilisiert für die sozialen Auswirkungen der Unternehmen, von denen sie Produkte und Dienstleistungen beziehen. Die konsequente Integration von Werten wie Respekt, Verantwortung und Mitgefühl sowie der Fokus auf nachhaltige Geschäftsmodelle hat nicht nur positive Auswirkungen auf die Gesellschaft, sondern auch auf den langfristigen wirtschaftlichen Erfolg eines Unternehmens. Ein Unternehmen, das sich für ethisches Handeln und soziale Verantwortung einsetzt, genießt nicht nur das Vertrauen seiner Kunden, sondern kann sich auch eine starke Marktstellung erarbeiten. In einer Zeit, in der die Verbraucher zunehmend informierte Entscheidungen treffen und auf die Herkunft und Nachhaltigkeit der Produkte und Dienstleistungen achten, sind ethische Geschäftspraktiken ein wertvolles Differenzierungsmerkmal. Zudem wird der langfristige wirtschaftliche Erfolg von Unternehmen durch eine proaktive Auseinandersetzung mit ökologischen und sozialen Aspekten nachhaltig gesichert. Dies reicht von der Sicherstellung fairer Arbeitsbedingungen in der Lieferkette bis hin zur Entwicklung von umweltfreundlichen Produkten, die den neuesten ökologischen Standards entsprechen. Unternehmen, die sich in diesen Bereichen aktiv engagieren, positionieren sich als Marktführer in ihrer Branche und stärken ebenso ihre Resilienz gegenüber zukünftigen Herausforderungen, sei es in Form von regulatorischen Änderungen, einem veränderten Konsumverhalten oder globalen Krisen.

Zusammenfassend lässt sich sagen, dass Unternehmen, die sich ihrer Verantwortung gegenüber ihren Mitarbeitern, der Gesellschaft und der Umwelt bewusst sind, nicht nur ein positives gesellschaftliches Image aufbauen, sondern auch ihre eigene Marktposition langfristig sichern. Wertebasierte Führung und nachhaltige Geschäftsmodelle sind daher nicht nur moralische Imperative, sondern auch strategische Erfolgsfaktoren, die Unternehmen helfen, in einer komplexen und dynamischen Weltwirtschaft zu prosperieren.

Ein Unternehmen, das ethische Prinzipien lebt und Nachhaltigkeit in seine Kernstrategie integriert, wird zudem nicht nur zu einem erfolgreichen Geschäft, sondern auch zu einem verantwortungsvollen Mitglied der Gesellschaft und einem Vorbild für zukünftige Generationen.

Folgerung:
Eine Gesellschaft, die sich selbst als wohlhabend bezeichnen möchte, muss weit mehr bieten als bloßen materiellen Reichtum. Ihr wahrer Wohlstand wird durch das harmonische Zusammenspiel von materiellen und immateriellen Werten bestimmt. Während materieller Wohlstand, wie Reichtum und Ressourcen, eine Grundlage für Lebensqualität schafft, sind es die moralische und ethische Dimension einer Gesellschaft, die ihren wahren Reichtum ausmachen. Werte wie Respekt, Anstand, Verantwortung und Mitgefühl bilden die Grundlage für ein soziales Gefüge, das nicht nur auf wirtschaftlichem Wohlstand basiert, sondern auch auf dem sozialen Zusammenhalt und dem Wohlbefinden aller Mitglieder. Eine Gesellschaft, die diese Werte missachtet oder vernachlässigt, wird langfristig nicht in der Lage sein, ihren Wohlstand zu sichern – sowohl in materieller als auch in immaterieller Hinsicht.

Respekt ist eine der zentralen Säulen des sozialen Miteinanders. Er ermöglicht eine Gesellschaft, in der die Menschen sich gegenseitig anerkennen, ihre Meinungen respektieren und friedlich zusammenarbeiten können. Fehlt dieser Respekt, entstehen Konflikte, Missverständnisse und Spaltungen, die nicht nur das zwischenmenschliche Zusammenleben, sondern auch die gesellschaftliche Stabilität gefährden. Respekt fördert das Vertrauen und das Verständnis zwischen verschiedenen Kulturen, Ethnien und sozialen Gruppen und trägt so maßgeblich zum sozialen Frieden bei. Er schafft eine Atmosphäre des Dialogs, in der Konflikte konstruktiv gelöst werden können.

Anstand, als weiterer wesentlicher immaterieller Wert, sorgt dafür, dass das Handeln der Menschen von einem ethischen und moralischen Bewusstsein geleitet wird. Dies bedeutet, sich in jeder Situation so zu verhalten, dass man den anderen nicht schadet und das Wohl der Gemeinschaft stets im Blick behält. Anstand geht Hand in Hand mit Verantwortung.

Verantwortung bedeutet, nicht nur für das eigene Handeln einzutreten, sondern auch die Auswirkungen des eigenen Handelns auf andere und auf die Umwelt zu erkennen und zu berücksichtigen. Eine verantwortungsvolle Gesellschaft ist in der Lage, nachhaltige Entscheidungen zu treffen und das Wohl zukünftiger Generationen zu sichern.

Diese Werte schaffen nicht nur Vertrauen zwischen den Menschen, sondern auch zwischen den Menschen und den Institutionen der Gesellschaft. Mitgefühl, als der Ausdruck der empathischen Anteilnahme am Leid anderer, ist der Kitt, der das soziale Gefüge zusammenhält. Eine Gesellschaft, die Mitgefühl fördert, zeigt ihre Menschlichkeit. Sie erkennt die Notlagen ihrer Mitglieder an und geht aktiv auf diese ein. Mitgefühl führt zu einer Kultur der Solidarität, in der sich die Menschen gegenseitig unterstützen und gemeinsam Lösungen für Herausforderungen finden. Dies ist die Voraussetzung für eine Gesellschaft, die nicht nur auf individuelles Wohl bedacht ist, sondern auf das Gemeinwohl als Ganzes. Fehlt Mitgefühl, entsteht eine kalte, entfremdete Gesellschaft, in der das individuelle Streben nach Wohlstand auf Kosten anderer geht. In der heutigen Welt, in der wirtschaftlicher Erfolg oft als einziges Maß für Wohlstand betrachtet wird, ist es von entscheidender Bedeutung, dass diese immateriellen Werte wieder ins gesellschaftliche Bewusstsein gerückt werden. Der Verlust von Werten wie Respekt, Verantwortung und Mitgefühl hat weitreichende Folgen. Die Konzentration auf materiellen Erfolg ohne ethische Grundlage führt zu einer schwindenden sozialen Kohäsion sowie einem Anstieg von Ungleichheit und sozialen Spannungen. Wenn das Vertrauen zwischen den Menschen schwindet und das Gefühl der Verantwortung für das Gemeinwohl verloren geht, bröckelt der gesellschaftliche Zusammenhalt. Eine Gesellschaft, die diese ethischen Werte aufgibt, steht vor der Gefahr, in Chaos und Instabilität zu versinken.

Der Verlust immaterieller Werte hat auch gravierende Auswirkungen auf das soziale Kapital einer Gesellschaft. Soziales Kapital bezeichnet das Vertrauen, die Normen und die Netzwerke, die das Zusammenleben und die Kooperation innerhalb einer Gesellschaft ermöglichen. Ein hohes Maß an sozialem Kapital bedingt eine stabile, gerechte und solidarische Gesellschaft, die in der

Lage ist, kollektiv auf Herausforderungen zu reagieren und Chancen zu nutzen. Fehlt jedoch soziales Kapital, entstehen Misstrauen, Isolation und Konflikte, die das soziale Gefüge zersetzen und den Wohlstand gefährden.

Um diese immateriellen Werte zu stärken, ist Bildung von entscheidender Bedeutung. Bildung sollte nicht nur als Instrument zur Vermittlung von Fachwissen betrachtet werden, sondern auch als Mittel zur Förderung von ethischen und sozialen Kompetenzen. Schulen, Universitäten und andere Bildungseinrichtungen sind die Orte, an denen die kommenden Generationen auf das Leben in einer verantwortungsbewussten und respektvollen Gesellschaft vorbereitet werden. Sie müssen den jungen Menschen die Bedeutung von Respekt, Verantwortung und Mitgefühl lehren und ihnen zeigen, wie sie diese Werte im Alltag leben können. Eine starke ethische Bildung schafft die Grundlage für eine Gesellschaft, die nicht nur auf materiellen Wohlstand ausgerichtet ist, sondern auch auf das Wohl ihrer Mitglieder als Ganzes.

Unternehmen spielen ebenfalls eine zentrale Rolle bei der Förderung dieser Werte. Sie sind nicht nur wirtschaftliche Akteure, sondern auch gesellschaftliche Verantwortungsträger. In einer Welt, in der Unternehmen eine immer größere Macht besitzen, haben sie die Pflicht, ihre Geschäftspraktiken ethisch und nachhaltig zu gestalten. Ethisches Handeln bedeutet, Verantwortung für die Auswirkungen des eigenen Handelns auf die Gesellschaft, die Umwelt und die Zukunft zu übernehmen. Unternehmen, die sich ihrer sozialen Verantwortung bewusst sind, leisten einen wichtigen Beitrag zum Wohlstand der Gesellschaft, indem sie nicht nur den eigenen Gewinn maximieren, sondern auch das Wohl aller Beteiligten berücksichtigen.

Indem wir eine Kultur des Respekts, der Verantwortung und des Mitgefühls fördern, schaffen wir eine Gesellschaft, die in der Lage ist, ihre sozialen und wirtschaftlichen Herausforderungen zu meistern und gleichzeitig das Wohl aller Mitglieder in den Mittelpunkt zu stellen. Eine solche Gesellschaft ist nicht nur materiell wohlhabend, sondern auch moralisch und sozial reich. Sie bietet ihren Mitgliedern die Möglichkeit, in einem sicheren, gerechten und respektvollen Umfeld zu leben und zu gedeihen. Es ist unsere Verantwortung, diese Werte zu schützen und aktiv weiterzugeben, um eine gerechte und harmonische Zukunft für alle zu erlauben. Nur so kann eine Gesellschaft langfristig Wohlstand in seiner umfassendsten Form erleben – sowohl in materieller als auch in immaterieller Hinsicht.

Es liegt an uns allen, die Bedeutung von Werten wie Respekt, Verantwortung und Mitgefühl zu erkennen und in unserem täglichen Leben umzusetzen. Indem wir diese Werte in den Mittelpunkt unseres Handelns stellen, tragen wir dazu bei, eine Gesellschaft zu gestalten, die nicht nur auf wirtschaftlichem Erfolg basiert, sondern auch auf einem starken sozialen Fundament, das die Grundlage für eine gerechte und nachhaltige Zukunft bildet. Nur in einer Gesellschaft, die diese immateriellen Werte schützt und pflegt, kann wahrer Wohlstand in seiner gesamten Tiefe und Breite erfahren werden.

Kapitel 7

ZWISCHENMENSCHLICHE BEZIEHUNGEN UND WOHLSTAND

Einleitung:
In der heutigen Gesellschaft wird die Bedeutung zwischenmenschlicher Beziehungen häufig übersehen oder als weniger entscheidend als materieller Erfolg erachtet. Es ist nicht zu leugnen, dass Besitz, Geld und die Fähigkeit, sich bestimmte Lebensstandards zu leisten, wichtige Aspekte des Wohlstands darstellen. Doch der wahre Wert eines Menschen und das Gefühl von Wohlstand reichen weit über rein materielle Güter hinaus. Freundschaften, familiäre Bindungen, nachbarschaftliche Beziehungen und die Zugehörigkeit zu größeren sozialen Gemeinschaften beeinflussen und definieren das persönliche Wohlstandsempfinden ebenso. Diese Dimensionen des Wohlstands, die eng mit emotionaler Unterstützung, Vertrauen und sozialer Integration verknüpft sind, sind oft der Schlüssel zu einem erfüllten und zufriedenen Leben. In der heutigen Zeit sind viele Menschen durch die hohe Dynamik des Arbeitsmarktes und die zunehmende Digitalisierung von persönlichen Beziehungen entfremdet. Doch trotz der allgegenwärtigen Verfügbarkeit von Kommunikationstechnologien, die es

uns ermöglichen, jederzeit mit anderen in Kontakt zu treten, bleibt die Qualität und Tiefe dieser Verbindungen häufig auf der Strecke. Zahlreiche Studien und psychosoziale Forschungen belegen jedoch, dass stabile und wertvolle zwischenmenschliche Beziehungen eine der wichtigsten Säulen für das persönliche Wohlbefinden repräsentieren. Sie bieten nicht nur emotionale Unterstützung in schwierigen Zeiten, sondern tragen auch dazu bei, ein gesundes Selbstwertgefühl und Vertrauen in die eigene Lebensgestaltung zu entwickeln. Dieses Kapitel widmet sich der Untersuchung der verschiedenen Dimensionen zwischenmenschlicher Beziehungen und beleuchtet, wie diese in ihrer Komplexität und Vielfalt einen bedeutenden Beitrag zum Wohlstand des Einzelnen leisten. Dabei wird auf die Bedeutung von Freundschaften und familiären Bindungen als sozialer Rückhalt eingegangen, um Herausforderungen zu meistern und Lebenskrisen zu überwinden. Ebenso wird die Rolle von nachbarschaftlichen Beziehungen und Gemeinschaften thematisiert, die als soziale Netzwerke den Rahmen für gegenseitige Unterstützung und Zusammenarbeit bieten und dadurch das individuelle Wohl stärken. Ein besonderer Fokus liegt auf dem Wechselspiel von Geben und Empfangen innerhalb sozialer Netzwerke. Dieser Aspekt geht über die individuelle Ebene hinaus und zeigt auf, wie das Teilen von Ressourcen, sowohl materieller als auch immaterieller Art, das kollektive Wohlbefinden einer Gemeinschaft fördert. Das Geben von Unterstützung, sei es durch emotionale Hilfe, praktisches Tun oder das Teilen von Wissen und Erfahrungen, schafft ein Umfeld, in dem die Mitglieder einer Gemeinschaft füreinander einstehen und sich gegenseitig stärken können. Dieses Konzept von sozialer Kohäsion trägt nicht nur zur Stabilität der Gemeinschaft bei, sondern fördert auch ein Gefühl der Zugehörigkeit und des Zusammenhalts, das für das individuelle Wohlgefühl unverzichtbar ist. Schließlich wird untersucht, wie diese sozialen Beziehungen und Netzwerke nicht nur das persönliche Wohlstandsempfinden fördern, sondern auch eine wesentliche Rolle bei der Gestaltung und Förderung des Wohlstands auf gesellschaftlicher Ebene spielen. Eine starke, solidarische Gemeinschaft ist in der Lage, Krisen besser zu bewältigen, innovative Lösungen für gemeinsame Herausforderungen zu finden und positive Zukunftsaussichten zu entwickeln.

In diesem Sinne wird Wohlstand nicht nur als individuelle Errungenschaft betrachtet, sondern als gemeinschaftlicher Prozess, der durch das soziale Engagement und die wechselseitige Unterstützung innerhalb einer Gesellschaft geprägt wird. Insgesamt wird dieses Kapitel aufzeigen, dass wahre Wohlstandserfüllung nicht ausschließlich durch materielle Besitztümer und finanzielle Ressourcen definiert wird, sondern durch die Qualität und Tiefe der zwischenmenschlichen Beziehungen, die das Fundament für ein erfülltes und ganzheitlich reiches Leben bilden.

Die Rolle von Freundschaften:

Freundschaften gehören zu den fundamentalen Bausteinen zwischenmenschlicher Beziehungen und stellen eine der wertvollsten Formen sozialer Bindungen dar.

Sie sind weit mehr als nur Gelegenheiten zum Austausch oder gemeinsame Freizeitgestaltung – sie sind eine bedeutende Quelle für emotionales Wohlbefinden und tragen in vielen Fällen entscheidend zur Lebensqualität bei. Freundschaften stehen für Unterstützung in schwierigen Momenten, persönliches Wachstum und stärkere Selbstwahrnehmung. Sie schaffen ein Gefühl der Zugehörigkeit, das gerade in einer zunehmend anonymen und isolierten Gesellschaft von unschätzbarem Wert ist.

In einem Freundschaftsnetzwerk finden Menschen Trost, Verständnis und Anerkennung. Diese Unterstützung ist besonders wichtig für das Gefühl der Selbstwirksamkeit. In Zeiten der Unsicherheit oder Trauer sind Freunde häufig die ersten, die zu einer Quelle der Stabilität und des Haltes werden. Sie sind Zuhörer, Berater und Begleiter – Menschen, die einen ohne Vorbehalte annehmen und bereit sind, ihre Zeit und Energie zu investieren, um den anderen beizustehen. Diese bedingungslose Unterstützung hilft, das Vertrauen zu fördern und Bindungen zu vertiefen, die über oberflächliche Bekanntschaften hinausgehen. Die positive Wirkung von Freundschaften auf das Wohlbefinden ist wissenschaftlich belegt. Zahlreiche Studien haben demonstriert, dass Menschen mit starken sozialen Netzwerken ein höheres Maß an Zufriedenheit und Lebensfreude erleben. Sie sind weniger anfällig für Depressionen und Angstzustände, da sie sich in schwierigen Momenten auf ihre Freunde verlassen können. Darüber hinaus ist die Wahrscheinlichkeit, dass Menschen mit engen Freundschaften ein längeres, gesünderes Leben führen, signifikant höher. Freundschaften wirken als Schutzfaktor gegen chronischen Stress und psychische Belastungen, die sich negativ auf die körperliche Gesundheit auswirken können. Das Vorhandensein von engen Freunden wird mit einer stärkeren Immunsystemleistung, niedrigeren Blutdruckwerten und einer besseren kognitiven Gesundheit in Verbindung gebracht. Aber Freundschaften haben nicht nur eine positive Wirkung auf den Einzelnen, sondern auch auf das kollektive Wohl der Gesellschaft. Sie sind entscheidend bei der sozialen Unterstützung und dem Zusammenhalt innerhalb von Gemeinschaften. In Krisenzeiten oder während persönlicher Notlagen sind es oft die Freunde, die zuerst reagieren und Hilfe anbieten. Diese Hilfe ist nicht nur emotionaler Natur und kann ebenso praktische Unterstützung umfassen – etwa in Form von finanzieller Hilfe, Rat bei schwierigen Entscheidungen oder einfach nur durch das Teilen von Erfahrungen und Wissen. Dieses Teilen von Ressourcen und Erfahrungen fördert nicht nur das persönliche Wachstum, sondern auch die Stärke und Resilienz der Gemeinschaft als Ganzes. Ein weiterer wichtiger Aspekt der Freundschaft ist das Geben und Nehmen. In einer gesunden Freundschaft gibt es eine wechselseitige Dynamik, die auf gegenseitigem Respekt und Empathie basiert. Freunde fühlen sich verpflichtet, einander zu unterstützen, ohne eine sofortige Gegenleistung zu erwarten. Dieser Altruismus kreiert ein starkes Gefühl der Verbundenheit und ein tiefes Vertrauen, das über die individuelle Beziehung hinaus zu einer Atmosphäre der Geborgenheit und Sicherheit beiträgt. Es entsteht ein

Raum, in dem sich jeder frei und ohne Angst vor Verurteilung äußern kann, was wiederum das persönliche Wachstum erleichtert.

Die Qualität von Freundschaften hat zudem einen direkten Einfluss auf die Lebenszufriedenheit und das allgemeine Wohlbefinden. Dies hängt nicht nur von der Anzahl der Freunde ab, sondern vor allem von der Tiefe und Echtheit der Beziehungen. Enge, vertrauensvolle Freundschaften haben einen weit größeren positiven Einfluss auf die Lebensqualität als oberflächliche Bekanntschaften oder eine große Anzahl von weniger intensiven Beziehungen. Es ist die Qualität der Verbindung, die die emotionale Unterstützung und das Gefühl der Sicherheit ausmacht. Darüber hinaus fördern Freundschaften das soziale Lernen und die persönliche Weiterentwicklung. Durch den Austausch von Ideen, Perspektiven und Lebenserfahrungen können Freunde voneinander lernen und neue Denkansätze entwickeln. Diese intellektuelle und emotionale Bereicherung erweitert den Horizont und kann helfen, festgefahrene Denkmuster zu überwinden. Freundschaften sind somit ein wichtiger Motor für Veränderung und Innovation im persönlichen Leben. Sie regen zu Reflexion und Weiterentwicklung an, sowohl in Bezug auf die eigene Identität als auch in der Art und Weise, wie man die Welt und andere Menschen wahrnimmt.

Zusammenfassend lässt sich sagen, dass Freundschaften eine wesentliche Rolle im Leben eines Menschen spielen. Sie sind nicht nur eine Quelle emotionaler Unterstützung und eines gesteigerten Wohlbefindens, sondern auch ein soziales Netz, das den Einzelnen vor den Herausforderungen des Lebens schützt. Freundschaften bieten in schwierigen Zeiten Halt und bereichern das Leben durch gemeinsame Erlebnisse und die Förderung von Vertrauen und Verständnis. Sie sind ein unverzichtbarer Bestandteil einer gesunden, stabilen und harmonischen Lebensweise, sowohl für das Individuum als auch für die Gesellschaft. Die Pflege und der Erhalt von Freundschaften sind daher nicht nur eine Frage des persönlichen Glücks, sondern auch ein wesentlicher Beitrag zum sozialen Wohl.

Familiäre Bindungen und ihre Bedeutung:
Die Familie ist mehr als nur die erste soziale Umgebung eines Menschen – sie ist der Ursprung vieler prägender Erfahrungen, die uns ein Leben lang begleiten. In den ersten Jahren unseres Lebens sind es die Bindungen zu den Eltern und engen Familienmitgliedern, die den Grundstein für unser späteres Verhalten und unsere sozialen Fähigkeiten legen. Diese frühen Beziehungen sind von zentraler Bedeutung, da sie nicht nur unsere Wahrnehmung der Welt, sondern auch unser emotionales Gleichgewicht und unser Selbstbild formen. Familie ist das erste Netz von Beziehungen, in dem ein Kind lernt, wie es mit anderen interagiert, kommuniziert und sich in sozialen Kontexten bewegt. Die Bindungen, die innerhalb der Familie geknüpft werden, sind von unschätzbarem Wert für die emotionale Stabilität eines Kindes. Ein Kind, das in einem stabilen und liebevollen Umfeld aufwächst, entwickelt ein gesundes Selbstwertgefühl

und ein Gefühl der Sicherheit, das es befähigt, auf die Welt außerhalb der Familie mit Vertrauen zuzugehen. Diese emotionale Sicherheit bildet das Fundament, auf dem das Kind später im Leben aufbauen kann. Sie hilft dabei, ein starkes Gefühl der Identität und Zugehörigkeit zu entwickeln – zwei elementare Bausteine für das psychische Wohlbefinden.

In der Familie finden wir die ersten Quellen von bedingungsloser Liebe und Unterstützung. Ein Kind, das in einem sicheren und vertrauensvollen Umfeld aufwächst, lernt frühzeitig, dass es auf die Menschen um sich herum zählen kann. Diese Bindungen bieten nicht nur emotionale Sicherheit, sondern auch Schutz in Krisenzeiten. Die Familie wird zum sicheren Hafen, der das Kind mit Rückhalt und Geborgenheit versorgt, wenn das Leben Herausforderungen bereithält. In schwierigen Momenten – etwa bei Verlusten, Konflikten oder Ängsten – sind es oft die engen Familienangehörigen, die als erste Ansprechpartner fungieren und helfen, die emotionalen Wunden zu heilen. Es ist jedoch wichtig zu betonen, dass nicht nur die Kernfamilie – also Eltern und Geschwister – für die Entwicklung eines Kindes von Bedeutung sind. Auch erweiterte familiäre Netzwerke wie Großeltern, Tanten, Onkel und Cousins spielen eine wesentliche Rolle. Diese erweiterten Bindungen öffnen zusätzliche Perspektiven und Ressourcen, die das Leben eines Kindes bereichern können. Sie erweitern den Horizont des Kindes, vermitteln unterschiedliche Werte und Erfahrungen und fördern die sozialen Kompetenzen. Darüber hinaus erlauben sie es dem Kind,

Beziehungen außerhalb des engeren Familienkreises zu pflegen und zu verstehen, was die Bedeutung von Gemeinschaft und sozialer Vernetzung im Leben ist.

Die familiären Bindungen sind auch die tragenden Säulen, auf denen Werte und Traditionen weitergegeben werden. In vielen Kulturen sind es die Familien, die als Hüter von Traditionen und kulturellen Praktiken agieren. Diese Werte, die von Generation zu Generation weitergegeben werden, geben dem Individuum ein starkes Gefühl der Identität. Die Familie ist der Ort, an dem ein Kind die Geschichte seiner Vorfahren und die kulturellen Normen seiner Gesellschaft kennenlernt. Diese Erfahrungen prägen das Verständnis des Kindes für seine Rolle in der Welt und transportieren ein starkes Zugehörigkeitsgefühl zu einer größeren Gemeinschaft. Besonders im jungen Alter ist die Familie daher der erste Ort, an dem ein Kind lernt, was es bedeutet, Teil von etwas Größerem zu sein.

Ein stabiles familiäres Umfeld fördert auch die Entwicklung sozialer Kompetenzen, die im späteren Leben von entscheidender Bedeutung sind. Kinder, die in einem liebevollen und unterstützenden Umfeld aufwachsen, sind häufig einfühlsamer, aufgeschlossener und besser in der Lage, gesunde, vertrauensvolle Beziehungen aufzubauen. Sie haben gelernt, ihre Gefühle auszudrücken und die Bedürfnisse und Emotionen anderer zu erkennen. Diese Fähigkeiten sind von unschätzbarem Wert, wenn es darum geht, im späteren Leben erfolgreiche und harmonische zwischenmenschliche Beziehungen aufrechtzuerhalten. Ein Kind, das in einem Umfeld von Respekt und Fürsorge aufwächst, kann diese Werte in seinen späteren Beziehungen weitergeben, sei es in Freundschaften, Partnerschaften oder sogar in der eigenen Elternschaft.

Darüber hinaus wirkt sich ein stabiles familiäres Umfeld positiv auf die psychische Gesundheit aus. Das Gefühl von Zugehörigkeit und die Nähe zu den Familienmitgliedern bieten einen Puffer gegen Stress und psychische Belastungen. Die Familie ist in der Regel der erste Anlaufpunkt, wenn es darum geht, mit traumatischen Erlebnissen oder großen Lebensveränderungen umzugehen. In solchen Momenten, wenn die Welt des Individuums ins Wanken gerät, kann die Unterstützung und das Verständnis der Familie helfen, wieder Halt zu finden und den Weg zur Heilung zu beginnen. Die familiären Bindungen spielen auch eine bedeutende Rolle im gesellschaftlichen Kontext. In einer stabilen Familie lernen Kinder nicht nur, wie sie selbstständig und verantwortungsvoll werden, sondern auch, wie sie als Mitglieder einer Gemeinschaft interagieren und zusammenarbeiten. Eine Familie, die sich gegenseitig unterstützt, schafft ein soziales Netzwerk, das über die unmittelbare Familie hinausgeht und zu einem festen Bestandteil des gesellschaftlichen Gefüges wird. Menschen, die in einem stabilen familiären Umfeld großwerden, sind oft besser in der Lage, Verantwortung zu übernehmen, zu kooperieren und langfristige, stabile Beziehungen zu pflegen.

Neben den emotionalen Aspekten tragen familiäre Bindungen auch zur praktischen Unterstützung bei. Besonders in Übergangsphasen – etwa bei der Gründung einer eigenen Familie, beim Berufseintritt oder beim Eintritt in das Erwachsenenalter – können die Erfahrungen und das Wissen der älteren Generationen von unschätzbarem Wert sein. Großeltern, Eltern und andere Verwandte offenbaren wertvolle Ratschläge und helfen bei der Bewältigung von Herausforderungen. Diese praktische Unterstützung trägt nicht nur zum individuellen Erfolg bei, sondern fördert auch ein starkes Gefühl von Gemeinschaft und Zusammenhalt.

Zusammenfassend lässt sich sagen, dass familiäre Bindungen weit mehr sind als emotionale Verbindungen oder bloße Blutsbande. Sie sind ein wesentlicher Bestandteil der menschlichen Entwicklung, der sozialen Integration und des Wohlbefindens. Die Familie ist der Ort, an dem wir die grundlegenden Fähigkeiten und Werte erlernen, die uns im Leben begleiten. Sie bietet nicht nur Sicherheit und Geborgenheit, sondern auch eine Quelle der Unterstützung, die es uns ermöglicht, in der Welt zu wachsen und uns zu entfalten. Ein starkes familiäres Netzwerk ist daher sowohl für das individuelle Glück als auch für die soziale und gesellschaftliche Stabilität bedeutsam. Die Familie ist und bleibt der Anker, der uns in einer sich ständig verändernden Welt Halt gibt.

Nachbarschaftliche Beziehungen:
Nachbarschaftliche Beziehungen sind mehr als nur gelegentliche Interaktionen oder einfache Begegnungen im Alltag. Sie bilden das Rückgrat einer gesunden, funktionierenden Gesellschaft und haben weitreichende

Auswirkungen auf das individuelle Wohlbefinden sowie auf die kollektive Lebensqualität. Eine starke, aktive Nachbarschaft kann nicht nur zu einem besseren sozialen Zusammenhalt beitragen, sondern auch das Gefühl der Zugehörigkeit und Gemeinschaft innerhalb eines Gebiets oder einer Region stärken. In Zeiten der Unsicherheit oder des Wandels können gut etablierte nachbarschaftliche Netzwerke als stabile Grundlage dienen, die den Bewohnern eine unverzichtbare Unterstützung bieten. Das Sicherheitsgefühl, das in einer guten Nachbarschaft herrscht, geht über den rein physischen Schutz hinaus. Es betrifft die psychologische Sicherheit und das Vertrauen in die Mitmenschen, was eine fundamentale Voraussetzung für das Wohlbefinden jedes Einzelnen ist. In einem positiven nachbarschaftlichen Umfeld wissen die Menschen, dass sie nicht mit ihren Herausforderungen allein sind, sondern dass sie sich auf die Unterstützung und Hilfe derjenigen verlassen können, die in ihrer Nähe leben. Diese gegenseitige Hilfe kann in vielerlei Formen auftreten – sei es durch die einfache Bereitstellung von Informationen oder durch die Bereitschaft, bei dringenden oder unvorhergesehenen Ereignissen schnell zu handeln. In Krisenzeiten zeigt sich der wahre Wert nachbarschaftlicher Beziehungen besonders deutlich. Notfälle, sei es durch Naturkatastrophen, gesundheitliche Notlagen oder andere unerwartete Ereignisse, können das Leben eines Einzelnen oder einer Familie erheblich beeinträchtigen. In solchen Momenten treten Nachbarn nicht nur als erste Ansprechpartner, sondern oft auch als diejenigen, die sofortige Hilfe leisten können, in den Vordergrund. Sie übernehmen Aufgaben, die schwierige Situationen erleichtern, sei es durch das Bereitstellen von Lebensmitteln, das Organisieren von Transportmitteln oder durch die einfachste, aber wirkungsvollste Geste – das Zuhören und das Angebot eines sicheren Rückzugsortes.

Neben der reaktiven Hilfe ist auch die proaktive Förderung sozialer Kontakte und des Austauschs unter Nachbarn von zentraler Bedeutung. Eine gute Nachbarschaft fördert regelmäßige Begegnungen und den Dialog, was wiederum dazu beiträgt, dass sich die Menschen untereinander besser kennenlernen. Solche Interaktionen schaffen ein starkes Gefühl der Gemeinschaft, das den physischen Raum sprengt. Es geht nicht nur darum, nebeneinander zu leben, sondern miteinander zu leben. Durch den regelmäßigen Austausch von Ideen, Meinungen und Erfahrungen entsteht ein vertrauensvolles Klima, das es den Bewohnern ermöglicht, sich mit den Herausforderungen des Lebens gemeinsam auseinanderzusetzen. Aktive Nachbarschaften zeichnen sich zudem durch die Bereitschaft aus, gemeinsame Ziele zu verfolgen und Projekte zu realisieren, um das Wohl aller zu vergrößern. Ob es sich um die Gestaltung eines gemeinsamen Gartens, das Organisieren von Nachbarschaftsfesten oder die Initiierung von Solidaritätsaktionen handelt – diese gemeinschaftlichen Aktivitäten sind mehr als nur angenehme Freizeitbeschäftigungen. Sie stärken nicht nur die sozialen Bindungen, sondern verbessern konkret das tägliche Leben. So wird durch das Teilen von Ressourcen, Wissen und Arbeitskraft mehr als nur der materielle Wohlstand gefördert: ebenso das Wohlstandsempfinden im immateriellen Sinne. Darüber hinaus tragen solche nachbarschaftlichen Initiativen zur Verbesserung des sozialen Kapitals innerhalb einer Gemeinschaft bei. Das Konzept des sozialen Kapitals bezieht sich auf die Ressourcen, die durch vertrauensvolle Beziehungen, Zusammenarbeit und gegenseitige Unterstützung entstehen. Diese Art von Kapital kann nicht nur zu einer besseren Lebensqualität führen, sondern auch die kollektive Widerstandsfähigkeit gegenüber äußeren Herausforderungen stärken. Eine Nachbarschaft, die über ein hohes soziales Kapital verfügt, ist besser in der Lage, auf Veränderungen oder Krisen zu reagieren, weil die Menschen nicht nur individuell handeln, sondern als Teil eines gut vernetzten Systems.

Ein weiterer wichtiger Aspekt nachbarschaftlicher Beziehungen ist ihre Rolle in der Förderung des sozialen Engagements und der Zivilgesellschaft. Wenn Nachbarn sich aktiv einbringen, sei es durch die Teilnahme an öffentlichen Diskursen, die Förderung gemeinsamer Interessen oder die Unterstützung lokaler Initiativen, trägt dies zur allgemeinen Vitalität der Gemeinschaft bei. Eine Gesellschaft, in der die Bürger aktiv in ihrer Nachbarschaft und ihrem Umfeld engagiert sind, ist nicht nur resilienter, sondern auch lebenswerter. So entstehen Orte, an denen sich die Menschen sicher fühlen und an denen sie das Gefühl haben, einen echten Beitrag zur Gestaltung ihrer Umgebung leisten zu können. Zusammenfassend lässt sich sagen, dass nachbarschaftliche Beziehungen weit mehr sind als die Summe ihrer einzelnen

Interaktionen. Sie sind die Basis für eine stabile, gesunde und dynamische Gemeinschaft, die das Wohl jedes Einzelnen fördert und das kollektive Wohlstandsempfinden stärkt. Durch Vertrauen, gegenseitige Unterstützung und gemeinsame Projekte erlauben nachbarschaftliche Bindungen es, dass Menschen nicht nur nebeneinander, sondern miteinander leben. In einer zunehmend komplexen und schnelllebigen Welt bieten solche Beziehungen eine wertvolle Quelle der Stabilität und des Zusammenhalts, die in keinem Fall unterschätzt werden sollte.

Die Gemeinschaft als Rückhalt: Eine Quelle von Identität, Zusammenhalt und Wohlstand.

Die Zugehörigkeit zu einer Gemeinschaft hat tiefgreifende und vielschichtige Auswirkungen auf das Wohlbefinden eines Individuums. In einer Zeit, in der Individualismus als Maßstab für Erfolg und Selbstverwirklichung gilt, zeigt sich immer wieder, dass es gerade die Gemeinschaft ist, die den entscheidenden Rückhalt bietet. Sie schafft nicht nur ein soziales Netzwerk, sondern auch einen emotionalen und spirituellen Raum, der den Einzelnen stärkt und ihm eine tiefere Lebensqualität ermöglicht. Die Wirkung einer Gemeinschaft auf das Individuum geht weit über die bloße soziale Interaktion hinaus. Gemeinschaften – seien es religiöse Gruppen, sportliche Vereine, kulturelle Organisationen oder Nachbarschaftsinitiativen – bieten ihren Mitgliedern sowohl ein Zugehörigkeitsgefühl als auch eine Identität, die in den Erfahrungen und Werten der Gemeinschaft verwurzelt ist. Das Gefühl der Zugehörigkeit ist besonders wichtig, da es das psychische Wohlbefinden fördert und das Gefühl von Isolation und Einsamkeit mindert. In einer Gemeinschaft fühlt sich der Einzelne nicht nur als Teil einer größeren Gruppe, sondern auch als wertvoller Beitrag zu einem gemeinsamen Ziel. Gemeinschaften sind Orte des Austauschs und der gegenseitigen Unterstützung. Die Mitglieder einer Gemeinschaft stehen einander bei, sei es in persönlichen Krisen, in beruflichen Herausforderungen oder bei der Verwirklichung gemeinsamer Projekte. Diese Unterstützung geht über oberflächliche Hilfe hinaus: Sie kreiert eine Grundlage für tiefere zwischenmenschliche Beziehungen, die auf Vertrauen und gegenseitigem Respekt beruhen. In Zeiten von Stress und Belastung kann der Rückhalt einer Gemeinschaft den Unterschied zwischen Verzweiflung und Hoffnung ausmachen. So trägt die Gemeinschaft dazu bei, dass der Einzelne sich in schwierigen Momenten nicht als allein wahrnimmt, sondern auf eine stabile soziale Struktur zurückgreifen kann. Ein weiterer zentraler Aspekt von Gemeinschaften ist ihre Fähigkeit, individuelle Talente und Fähigkeiten zu fördern und zur Entfaltung zu bringen. In gemeinschaftlichen Projekten und Aktivitäten können Menschen ihre einzigartigen Stärken beweisen und gleichzeitig von den Fähigkeiten anderer profitieren. Ob es um die Teilnahme an kulturellen Veranstaltungen, die Mitarbeit an sozialen Projekten oder das Engagement in sportlichen Aktivitäten geht – jeder kann seine persönlichen Fähigkeiten weiterentwickeln und gleichzeitig einen Beitrag zur Weiterentwicklung der Gemeinschaft leisten. Dieser

Austausch von Fähigkeiten und Wissen dient nicht nur dem individuellen Wachstum, sondern stärkt auch das kollektive Potenzial der Gruppe. Die Entwicklung und Durchführung gemeinschaftlicher Projekte führen zu einem tiefen Gefühl der Erfüllung und Zufriedenheit. Es entsteht ein starkes Bewusstsein dafür, dass die eigene Arbeit nicht nur auf persönlicher Ebene nutzt, sondern auch dem Wohl der Gemeinschaft und deren langfristigem Erfolg zugutekommt. Dieser integrative Ansatz, bei dem jeder Einzelne eine Rolle spielt, stärkt den Zusammenhalt und den gegenseitigen Respekt innerhalb der Gruppe. Die Gemeinschaft wird so zu einem Ort der Zusammenarbeit, an dem Menschen lernen, gemeinsam Ziele zu verfolgen und zu verwirklichen.

Ein weiterer wichtiger Aspekt der Zugehörigkeit zu einer Gemeinschaft ist der soziale und wirtschaftliche Wohlstand, der aus der Zusammenarbeit innerhalb der Gruppe erwächst. In vielen Fällen fördert die Gemeinschaft nicht nur das soziale Wohl, sondern auch den materiellen Fortschritt. Gemeinsame Anstrengungen, sei es in der Wirtschaft, im Bildungssystem oder in sozialen Einrichtungen, verursachen einen nachhaltigeren Wachstum und eine stabilere gesellschaftliche Struktur. Durch den Austausch von Ressourcen, Wissen und Erfahrungen können Gemeinschaften innovative Lösungen für Herausforderungen entwickeln und dabei den Wohlstand aller Mitglieder steigern. Darüber hinaus haben Gemeinschaften eine positive Auswirkung auf die gesellschaftliche Verantwortung jedes Einzelnen. Indem Menschen in einen Rahmen eingebunden sind, der Werte wie Solidarität, Respekt und Verantwortung in den Vordergrund stellt, werden sie motiviert, einen aktiven Beitrag zum Gemeinwohl zu leisten.

Die Anerkennung der gegenseitigen Abhängigkeit innerhalb einer Gemeinschaft führt zu einer verstärkten Bereitschaft, Verantwortung zu übernehmen – sowohl für das Wohl der Gemeinschaft als auch für das des Individuums selbst. Davon profitiert nicht nur die Gemeinschaft als Ganzes, sondern auch die persönliche Entwicklung jedes Einzelnen. In einer Welt, die oft von Schnelllebigkeit und Anonymität geprägt ist, bietet die Gemeinschaft ein wertvolles Gegengewicht. Sie ist ein sozialer Rückhalt sowie ein Ort, an dem Menschen ihre Identität formen, ihre Talente entfalten und ihre Werte leben können. Gemeinschaften schaffen einen Raum, in dem der Einzelne sowohl Unterstützung erfährt als auch zur Weiterentwicklung der Gesellschaft beiträgt. Es ist diese Wechselwirkung, die den wahren Wert von Gemeinschaften ausmacht – als Quelle von Identität, Zusammenhalt und Wohlstand, die für das Wohl jedes Einzelnen und der gesamten Gesellschaft unverzichtbar ist.

Individuen, die sich aktiv in ihre Gemeinschaften einbringen, erleben nicht nur eine gesteigerte Lebensqualität, sondern fördern auch den gemeinsamen Erfolg und das kollektive Wohl. Die Zugehörigkeit zu einer Gemeinschaft wird so zu einem wesentlichen Bestandteil des persönlichen und sozialen Wohlstands. Sie trägt dazu bei, dass Menschen sich selbst und ihre Umwelt auf eine Weise positiv beeinflussen, die für alle Beteiligten von Vorteil ist. Es wird deutlich, dass Gemeinschaften nicht simple soziale Netzwerke, sondern Quellen von Kreativität, Solidarität und Resilienz sind – wichtige Bausteine für eine gerechte, stabile und prosperierende Gesellschaft.

Geben und Empfangen in sozialen Netzwerken:
Ein zentraler Aspekt zwischenmenschlicher Beziehungen, der sowohl in der realen als auch in der virtuellen Welt eine wesentliche Rolle spielt, ist das Geben und Empfangen. In einem sozialen Umfeld, das von gegenseitiger Unterstützung geprägt ist, sind wir eher bereit, unsere Zeit, Energie und Ressourcen für andere einzusetzen. Das Geben kann sich auf viele unterschiedliche Weisen manifestieren: als emotionaler Beistand, praktische Hilfe, Wissensaustausch oder auch schlichtweg ein freundliches Wort. Unabhängig von der Form hat dieses Geben nicht nur positive Auswirkungen auf den Empfänger, sondern auch auf uns selbst. Es weckt ein Gefühl der Verbundenheit, der Zugehörigkeit und des Zwecks. Diese positiven Effekte strahlen sich nicht nur auf das unmittelbare Umfeld aus, sondern tragen auch zu einem größeren gesellschaftlichen Wohl bei, wodurch wir uns als Teil einer Gemeinschaft fühlen, die uns mit einem tieferen Sinn erfüllt.

Im Zuge des technologischen Fortschritts hat die Art und Weise, wie wir Beziehungen pflegen und aufbauen, eine bemerkenswerte Veränderung erfahren. Soziale Netzwerke, ob im persönlichen Umfeld oder auf digitalen Plattformen, bieten eine neue Dimension der Interaktion. Diese Netzwerke ermöglichen uns nicht nur den Austausch von Informationen und Gedanken, sondern auch, Unterstützung zu geben und zu erhalten, ohne dass räumliche oder zeitliche Barrieren bestehen. Auf Plattformen wie sozialen Medien oder beruflichen Netzwerken können wir mit einer Vielzahl von Menschen in Kontakt treten, die sich in unterschiedlichen geografischen Regionen oder Lebenskontexten befinden. Diese globalisierte Vernetzung hat das Potenzial, den Austausch von Wissen, Erfahrungen und Unterstützung auf eine völlig neue Ebene zu heben. Insbesondere in einer Zeit, in der viele Menschen nach Zugehörigkeit und sozialen Verbindungen suchen, sind digitale Netzwerke wertvoll, um Beziehungen zu entwickeln, die über geografische Grenzen hinausgehen. Die schiere Anzahl der Menschen, die auf diesen Plattformen miteinander in Kontakt stehen, eröffnet neue Chancen für gegenseitige Hilfe, Wissensaustausch und Zusammenarbeit. In vielen Fällen haben wir die Möglichkeit, mit Gleichgesinnten oder Experten zu diskutieren, die uns bei der Lösung von Problemen unterstützen können oder uns auf unserem persönlichen oder beruflichen Weg inspirieren. Das Geben von Wissen, Ratschlägen oder Erfahrungen kann nicht nur dem Empfänger zugutekommen, sondern auch das eigene Verständnis und die eigene Perspektive erweitern. Jedoch dürfen wir nicht übersehen, dass digitale Interaktionen, so bereichernd sie auch sein mögen, Schattenseiten haben. Während virtuelle Netzwerke den Austausch auf breiter Ebene ermöglichen, fehlt hier die Tiefe und Authentizität, die persönliche face-to-face Begegnungen auszeichnen. Digitale Kommunikation ist häufig schneller und oberflächlicher und die Interaktionen bleiben auf einer rein funktionalen Ebene, ohne dass echte emotionale Nähe entstehen kann. Ein „Gefällt mir"-Klick oder ein Kommentar auf einen Beitrag mag ein Zeichen von Unterstützung sein, doch es ersetzt nicht die echte, persönliche Begegnung, bei der Mimik, Gestik und die Nonverbalität eine ebenso wichtige Rolle spielen. Besonders problematisch wird dies, wenn digitale Interaktionen den direkten, persönlichen Kontakt zunehmend verdrängen. Der schnelle Austausch von Informationen und die hohe Frequenz der Kommunikation können dazu führen, dass wir uns zwar mit vielen Menschen verbunden fühlen, aber die Qualität und Tiefe dieser Verbindungen in den Hintergrund rücken. Der Austausch von Gedanken und Unterstützung in digitalen Netzwerken kann uns das Gefühl von Nähe und Gemeinschaft geben, doch die wahre Verbundenheit entsteht häufig erst durch persönliche Gespräche und gemeinsame Erlebnisse. Die oberflächliche Art der digitalen Kommunikation darf nicht den Eindruck erwecken, dass virtuelle Beziehungen den realen, zwischenmenschlichen Kontakt ersetzen können.

Die echte, tiefe Verbundenheit und das Vertrauen zwischen Menschen erfordern mehr als nur schnelle Online-Interaktionen. Es ist wichtig, dass wir uns bewusst Zeit für persönliche Treffen und Gespräche nehmen, um die Qualität unserer sozialen Bindungen zu wahren. Dies bedeutet nicht nur, unsere digitalen Beziehungen zu pflegen, sondern auch, den direkten Kontakt zu

Freunden, Familie und Kollegen nicht zu vernachlässigen. Der persönliche Austausch ist die Grundlage für langfristige, authentische Verbindungen, die in der digitalen Welt nur schwer nachgebildet werden können.

Ein weiteres zentrales Thema ist die Balance zwischen den beiden Welten – der digitalen und der realen. Während digitale Netzwerke eine wertvolle Ergänzung zu unseren sozialen Interaktionen darstellen, bedarf es bewusster Anstrengung, die Qualität dieser Beziehungen zu erhalten. Wir sollten uns nicht nur auf virtuelle Interaktionen verlassen, sondern auch die Bedeutung des direkten persönlichen Austauschs schätzen. Es geht nicht darum, die digitalen Netzwerke zu meiden, sondern vielmehr darum, sie als ein Werkzeug zu nutzen, um Beziehungen zu erweitern und zu bereichern, ohne die Tiefe und Authentizität des persönlichen Kontakts zu verlieren. Die bewusste Nutzung sozialer Netzwerke kann somit zu einem wichtigen Bestandteil unserer sozialen Interaktionen werden, wenn wir sicherstellen, dass sie uns sowohl in der virtuellen als auch in der realen Welt bereichern. Es ist wichtig, dass wir das Geben und Empfangen nicht nur als eine digitale, sondern auch als eine zwischenmenschliche Praxis verstehen, die sowohl online als auch offline gepflegt werden muss. Um den vollen Nutzen aus unseren sozialen Beziehungen zu ziehen, sollten wir sowohl in der digitalen Welt als auch im realen Leben Zeit für den Austausch, das Geben und das Empfangen von Unterstützung und Wissen einplanen. So schaffen wir nicht nur ein Netzwerk, sondern ein echtes Gefühl der

Verbundenheit und des menschlichen Austauschs, das über alle Plattformen hinweg Bestand hat.

Zusammenfassend lässt sich sagen, dass das Geben und Empfangen in sozialen Netzwerken sowohl eine Chance als auch eine Herausforderung bedeuten. Digitale Plattformen bieten unzählige Möglichkeiten zur Vernetzung und gegenseitigen Unterstützung, doch sie dürfen den persönlichen Kontakt nicht ersetzen. Eine ausgewogene Beziehung zwischen virtuellen und realen Interaktionen trägt dazu bei, dass wir sowohl in der digitalen Welt als auch im persönlichen Leben wertvolle und tiefgründige Verbindungen aufbauen können. Nur so können wir das volle Potenzial sozialer Netzwerke nutzen und echte, nachhaltige Beziehungen pflegen.

Die Auswirkungen von Einsamkeit:

Einsamkeit ist ein wachsendes Problem, das sich zunehmend als eine der größten Herausforderungen der modernen Gesellschaft darstellt. Trotz der allgegenwärtigen Vernetzung durch soziale Medien und digitale Kommunikationsplattformen fühlen sich viele Menschen isoliert und vom sozialen Leben abgekoppelt. Diese Form der Einsamkeit hat nicht nur Auswirkungen auf das psychische Wohlbefinden, sondern beeinflusst auch die körperliche Gesundheit und das allgemeine Wohlbefinden der Betroffenen. In vielen Gesellschaften, vor allem in denen mit alternder Bevölkerung oder einer zunehmenden Urbanisierung, sind die sozialen Strukturen so fragmentiert, dass Menschen sich in ihrer Einsamkeit verlieren. Die Konsequenzen von Einsamkeit sind weitreichend und tiefgreifend. Zunächst einmal hat sie direkte psychische Folgen. Menschen, die sich einsam fühlen, sind stärker gefährdet, psychische Erkrankungen wie Depressionen und Angststörungen zu erleiden. Die Isolation führt zu einer ständigen Auseinandersetzung mit negativen Gedanken und Gefühlen der Leere und Unzulänglichkeit. Einsamkeit kann zudem das Selbstwertgefühl erheblich beeinträchtigen, was zu einem Teufelskreis führen kann, in dem sich die betroffenen Personen immer weiter von der Welt und ihren Mitmenschen zurückziehen. Ein Mangel an emotionaler Unterstützung und das Fehlen von Menschen, denen man sich anvertrauen kann, verstärken diese negativen Gefühle und können chronischen Stress und langfristige psychische Belastungen verursachen. Doch die Auswirkungen von Einsamkeit sind nicht nur psychischer Natur. Sie betreffen auch die körperliche Gesundheit und haben mittlerweile den Status eines ernstzunehmenden Risikofaktors für zahlreiche körperliche Krankheiten.

Einsame Menschen sind häufiger von chronischen Erkrankungen betroffen, darunter Herz-Kreislauf-Erkrankungen, Bluthochdruck und Diabetes. Studien belegen, dass sozial isolierte Menschen ein signifikant höheres Risiko haben, an diesen Krankheiten zu erkranken, was teilweise auf den erhöhten Stress und die stärkere Entzündungsbereitschaft des Körpers zurückzuführen ist. Darüber hinaus sind einsame Menschen anfälliger für einen geschwächten Immunsystem, was ihre Widerstandskraft gegen Infektionen verringert und zu einer höheren Mortalitätsrate führt. Besonders besorgniserregend ist, dass Einsamkeit auch zu einer beschleunigten Alterung des Gehirns beitragen kann, was das Risiko von Demenz und anderen neurodegenerativen Erkrankungen wie Alzheimer erhöht. Die negativen Effekte der Einsamkeit machen deutlich, dass soziale Isolation nicht nur ein individuelles Problem, sondern auch eine gesellschaftliche Herausforderung ist.

In einer Welt, die zunehmend von Individualismus geprägt ist, fehlt es vielen an den sozialen Bindungen, die für ein gesundes und erfülltes Leben notwendig sind. Die gesellschaftlichen Strukturen, in denen Gemeinschaft und Zusammenhalt über Generationen hinweg gepflegt werden, sind vielerorts erodiert. In urbanen Zentren sind die Menschen oft mit den Anforderungen des täglichen Lebens und der beruflichen Welt beschäftigt, was eine Entfremdung von der sozialen Gemeinschaft impliziert. Hinzu kommt, dass traditionelle familiäre und nachbarschaftliche Strukturen in vielen Fällen nicht mehr die gleiche Unterstützung bieten wie früher.

Um die Auswirkungen der Einsamkeit zu mindern, ist es daher entscheidend, Maßnahmen zu ergreifen, die das soziale Miteinander und das Zugehörigkeitsgefühl stärken. Die Förderung zwischenmenschlicher Beziehungen sollte zu einer Priorität in allen Bereichen der Gesellschaft werden. Hier sind verschiedene Ansätze möglich, die sowohl auf individueller als auch auf gesellschaftlicher Ebene ansetzen.

Zunächst sollten soziale Initiativen und Programme geschaffen werden, die Menschen in verschiedenen Lebensphasen und sozialen Kontexten zusammenbringen.

In vielen Städten gibt es bereits erfolgreiche Projekte, die lokale Gemeinschaften stärken, indem sie Treffpunkte und Möglichkeiten für gemeinsame Aktivitäten organisieren. Diese reichen von Kultur- und Sportveranstaltungen über Nachbarschaftsinitiativen bis hin zu ehrenamtlichen Tätigkeiten, bei denen sich Menschen aktiv für andere einsetzen. Solche Aktivitäten fördern nicht nur die sozialen Bindungen, sondern schaffen auch ein Gefühl der Verbundenheit und des Zusammenhalts, das in unserer Gesellschaft oft verloren gegangen ist. Ein weiterer wichtiger Ansatz ist die Entwicklung von emotionaler Intelligenz und sozialen Kompetenzen. Bereits in der Schule sollte das Thema soziale Interaktion und das Bewusstsein für zwischenmenschliche Bedürfnisse ein integraler Bestandteil des Lehrplans sein. Kinder und Jugendliche sollten lernen, wie sie gesunde, unterstützende Beziehungen aufbauen können und wie wichtig es ist, mit anderen Menschen in Kontakt zu treten. In älteren Lebensphasen können Fortbildungs- und Trainingsangebote helfen, Menschen in der Pflege und Betreuung von sozialen Kontakten zu schulen.

Zudem spielen die digitale Kommunikation und die Entwicklung von digitalen Netzwerken eine Rolle. Während die digitale Welt oftmals mit oberflächlichen Interaktionen und der Verschärfung von Einsamkeit in Verbindung gebracht wird, kann sie auch ein wertvolles Werkzeug sein, um soziale Isolation zu überwinden. Online-Plattformen, die es Menschen ermöglichen, sich zu vernetzen und auszutauschen, können besonders für Menschen in ländlichen Gebieten oder ältere Menschen, die in ihrer Mobilität eingeschränkt sind, eine wertvolle Unterstützung sein.

Nicht zuletzt ist es entscheidend, dass auch die Gesundheits- und Sozialdienste auf das Thema Einsamkeit reagieren. Programme zur psychischen Unterstützung, Beratung und soziale Dienste sollten verstärkt auf die Bedürfnisse von Menschen eingehen, die sich isoliert fühlen. Medizinische Fachkräfte könnten bei der Früherkennung von Einsamkeit eine Schlüsselrolle spielen, indem sie in ihren Patientengesprächen darauf eingehen und entsprechende Hilfsangebote unterbreiten. Die Bekämpfung der Einsamkeit erfordert ein ganzheitliches Vorgehen, bei dem sowohl individuelle als auch gesellschaftliche Verantwortung übernommen wird.

Nur durch die Förderung von sozialen Bindungen und einem stärkeren Gemeinschaftsgefühl können wir das Phänomen der Einsamkeit langfristig überwinden. Initiativen, die den Dialog zwischen Menschen, den sozialen Austausch und das Gefühl der Zugehörigkeit anregen, sind der Schlüssel zu einem gesünderen und erfüllteren Leben für alle Mitglieder der Gesellschaft.

Die Bedeutung emotionaler Intelligenz:

Emotionale Intelligenz ist eine der grundlegenden Fähigkeiten, die den Erfolg und das Wohlbefinden in persönlichen und beruflichen Beziehungen maßgeblich beeinflussen. Sie umfasst die Fähigkeit, eigene Emotionen zu erkennen, zu verstehen und zu regulieren sowie die Emotionen anderer Menschen einzuordnen, zu interpretieren und darauf angemessen zu reagieren. Diese Art der Intelligenz ist ebenso wichtig wie kognitive Intelligenz und hat in den letzten Jahrzehnten zunehmend an Bedeutung gewonnen, da immer mehr Menschen realisieren, wie entscheidend emotionale Fähigkeiten für das tägliche Leben und den Erfolg sind. Ein zentrales Merkmal emotionaler Intelligenz ist das Selbstbewusstsein. Menschen mit hohem emotionalem Intellekt sind in der Lage, ihre eigenen Gefühle zu identifizieren und zu verstehen. Sie wissen, welche Emotionen sie in bestimmten Situationen erleben und können diese Emotionen in einem gesunden Maße steuern. Dies hilft, impulsive Reaktionen zu vermeiden und bewusstere Entscheidungen zu treffen. Wer sich seiner Gefühle bewusst ist, kann diese auch besser ausdrücken und in zwischenmenschlichen Interaktionen authentisch und respektvoll kommunizieren. Dieses Verständnis der eigenen Emotionen bildet die Grundlage für die Fähigkeit zur Selbstregulation, also die Fähigkeit, negative Emotionen wie Wut, Frustration oder Angst zu kontrollieren und in herausfordernden Situationen ruhig und besonnen zu bleiben.

Ein weiterer wichtiger Aspekt emotionaler Intelligenz ist die Empathie, das Einfühlungsvermögen für die Gefühle und Perspektiven anderer. Menschen mit hoher Empathie sind in der Lage, die Emotionen ihrer Mitmenschen zu erkennen und nachzuvollziehen, was ihnen hilft, einfühlsam zu reagieren und die Bedürfnisse anderer besser zu verstehen. Empathie fördert das Vertrauen und die Verbundenheit in Beziehungen, da sie den anderen als Menschen wahrnimmt und auf seine Gefühle eingeht. Empathische Menschen können schwierige Gespräche und Konflikte auf eine respektvolle Weise führen, da sie die Perspektive des anderen berücksichtigen und Verständnis zeigen. Die Fähigkeit zur Empathie ist besonders in der Kommunikation von entscheidender Bedeutung, da sie die Grundlage für aktive und respektvolle Kommunikation bildet. Durch empathische Kommunikation können Missverständnisse vermieden und Lösungen gemeinsam erarbeitet werden, ohne dass jemand das Gefühl hat, nicht gehört oder verstanden zu werden.

Ein weiterer zentraler Bestandteil emotionaler Intelligenz ist, Beziehungen zu pflegen. Emotionale Intelligenz ermöglicht es, stabile und gesunde Beziehungen aufzubauen und zu erhalten, indem Menschen lernen, auf die Bedürfnisse und Gefühle ihrer Mitmenschen zu achten und diese zu respektieren. Diese Fähigkeit umfasst auch das soziale Bewusstsein, also das Wissen um die Dynamiken und sozialen Regeln, die in verschiedenen Kontexten gelten. Wer in der Lage ist, diese sozialen Signale richtig zu deuten und darauf zu reagieren, kann Beziehungen und soziale Netzwerke stärken. Die Konfliktlösung ist ein weiterer Bereich, in dem emotionale Intelligenz hilft. Menschen, die ihre eigenen Emotionen gut regulieren und empathisch auf andere reagieren, sind häufig in der Lage, Konflikte konstruktiv zu lösen. Sie schaffen es, Emotionen nicht eskalieren zu lassen, Missverständnisse zu klären und Kompromisse zu finden, die für alle Beteiligten akzeptabel sind. In schwierigen Gesprächen bleiben sie ruhig und erarbeiten eine Lösung, die auf Verständnis und Respekt basiert.

Die Entwicklung emotionaler Intelligenz ist ein lebenslanger Prozess, der durch verschiedene Ansätze gefördert werden kann. Dazu gehören Bildung, persönliche Reflexion und soziale Erfahrungen. Menschen können durch gezielte Selbstreflexion lernen, ihre eigenen Emotionen besser zu verstehen und zu regulieren. Weiterhin trägt die Auseinandersetzung mit den Gefühlen anderer, etwa durch Gespräche und den Austausch in sozialen Situationen, zur Entwicklung von Empathie und sozialer Wahrnehmung bei.

Wer regelmäßig in sozialen Kontexten agiert, sei es im Beruf oder im privaten Umfeld, kann durch kontinuierliche Übung und Erfahrungen seine emotionale Intelligenz weiter ausbauen. Die bewusste Förderung von emotionaler Intelligenz hat weitreichende positive Auswirkungen auf das persönliche Wohlstandsempfinden. Menschen, die gesunde und erfüllende Beziehungen führen, erleben nicht nur mehr soziale Unterstützung und Zufriedenheit, sondern auch ein höheres Maß an emotionaler Stabilität. Gute Beziehungen, die auf Empathie, Kommunikation und gegenseitigem Respekt beruhen, heben das allgemeine Wohlbefinden und haben einen direkten Einfluss auf die Lebensqualität. Diese Beziehungen schaffen ein Netzwerk von Unterstützung, das den Einzelnen nicht nur im persönlichen, sondern auch im beruflichen Kontext stärkt.

Emotional intelligente Menschen sind auch oft erfolgreicher in ihrem Beruf, da sie Teamarbeit fördern, Konflikte effektiv lösen und eine Atmosphäre des Vertrauens und der Zusammenarbeit kreieren. Sie haben die

Fähigkeit, in herausfordernden Situationen ruhig und konstruktiv zu handeln, was sie zu gefragten Partnern in Arbeitsumfeldern macht, die starke zwischenmenschliche Interaktionen erfordern. Da sie sowohl ihre eigenen Gefühle als auch die der anderen verstehen, reagieren sie in unterschiedlichen sozialen und beruflichen Kontexten angemessen.

Zusammenfassend lässt sich sagen, dass emotionale Intelligenz eine Schlüsselkompetenz für das persönliche und berufliche Wachstum darstellt. Sie trägt nicht nur zur Verbesserung zwischenmenschlicher Beziehungen bei, sondern stärkt auch das Wohlbefinden und die Lebensqualität. Indem wir lernen, unsere eigenen Emotionen zu verstehen, zu regulieren und empathisch auf die Gefühle anderer einzugehen, legen wir den Grundstein für gesunde, erfüllende Beziehungen und in einem Umfeld, in dem wir uns sowohl persönlich als auch beruflich entfalten können. Emotionale Intelligenz bessert nicht nur das individuelle Wohl, sondern auch den sozialen und beruflichen Erfolg.

Folgerung:

Die Qualität zwischenmenschlicher Beziehungen ist eine der tiefgreifendsten und zugleich beständigsten Grundlagen für das individuelle und gesellschaftliche Wohlstandsempfinden. In einer Welt, die zunehmend von materiellem Erfolg und wirtschaftlichem Wachstum geprägt wird, verlieren soziale Bindungen an Bedeutung. Dabei ist es gerade die Stärke und Tiefe dieser zwischenmenschlichen Verbindungen, die entscheidend dazu beitragen, wie wir Wohlstand wahrnehmen und erleben. Wohlstand wird oft an materiellen Begriffen wie Geld, Besitz oder Status gemessen, doch wahre Erfüllung und Zufriedenheit entstehen in erster Linie aus der Qualität der Beziehungen, die wir zu anderen Menschen pflegen. Das Wohl eines Menschen ist untrennbar mit dem seiner sozialen Umwelt verbunden – seien es Familie, Freunde, Kollegen oder die Zugehörigkeit zu einer größeren Gemeinschaft.

In einer Zeit, in der sich der Fokus vieler Gesellschaften stark auf Leistung, Status und wirtschaftlichen Erfolg richtet, wird die Bedeutung von Freundschaften, familiären Beziehungen und der sozialen Integration häufig unterschätzt. Doch Studien zeigen eindeutig, dass diese Bindungen für das psychische und physische Wohlbefinden von unglaublichem Wert sind. Menschen, die in stabile, unterstützende Beziehungen eingebunden sind, haben nicht nur ein höheres Maß an Lebenszufriedenheit, sondern sind auch widerstandsfähiger gegenüber den Herausforderungen des Lebens. Freundschaften und enge familiäre Bindungen bieten dabei emotionalen Rückhalt sowie Sicherheit und Geborgenheit in Zeiten der Not. In Krisen und schwierigen Lebensabschnitten sind es oft die sozialen Netzwerke, die eine Person davor bewahren, in Isolation oder Verzweiflung zu versinken. Sie sind der Nährboden für Resilienz – der Fähigkeit, aus schwierigen Erfahrungen gestärkt hervorzugehen.

Die gesellschaftliche Bedeutung dieser Bindungen ist nicht zu vernachlässigen. In einer funktionierenden Gesellschaft, in der Vertrauen, Respekt und Empathie an erster Stelle stehen, kann jeder Einzelne in einem unterstützenden Netzwerk gedeihen. Solche Gemeinschaften ermöglichen nicht nur das persönliche Wachstum, sondern auch das kollektive Wohl. Sie fördern das Gefühl von Zugehörigkeit und schaffen einen Raum, in dem Solidarität und gegenseitige Unterstützung gelebt werden. In einer solchen Gesellschaft wird Wohlstand nicht als individueller Besitz verstanden, sondern als ein kollektives Gut, das durch die Zusammenarbeit und das gegenseitige Wohl der Mitglieder entsteht. Menschen, die sich gegenseitig unterstützen, einander zuhören und miteinander arbeiten, bedingen eine Umgebung, in der sich jeder Einzelne entfalten kann.

Ein weiterer Aspekt der Bedeutung zwischenmenschlicher Beziehungen ist die Förderung von emotionaler Intelligenz. Diese Fähigkeit, die eigenen Gefühle sowie die der anderen wahrzunehmen, zu verstehen und darauf in einer konstruktiven Weise zu reagieren, ist nicht nur für das persönliche Wohlbefinden von zentraler Bedeutung, sondern auch für die erfolgreiche Zusammenarbeit in sozialen und beruflichen Kontexten. Emotionale Intelligenz erlaubt es, Missverständnisse zu minimieren und Konflikte auf eine Weise zu lösen, die das Vertrauen und die Bindung stärkt. Sie legt die Basis für ein respektvolles und effektives Miteinander und trägt zu einem Klima der Offenheit und Toleranz bei. In einer Gesellschaft, die emotionale Intelligenz schätzt und fördert, entstehen nicht nur tiefere Verbindungen zwischen den Menschen, sondern auch ein höheres Maß an sozialer Kohäsion und gesellschaftlicher Harmonie.

Es ist jedoch nicht nur die Qualität der Beziehungen, die entscheidend für den Wohlstand ist, sondern auch die Bereitschaft, aktiv Verantwortung für das eigene soziale Umfeld zu übernehmen. Wohlstand im sozialen Kontext ist ein aktiver Prozess, der durch die Pflege, den Aufbau und die Erweiterung von Netzwerken und Beziehungen geprägt wird. Es geht darum, in Zeiten der Not füreinander da zu sein, sich gegenseitig zu ermutigen und zu unterstützen und die positiven Aspekte von Gemeinschaft hervorzuheben. Jeder Einzelne hat die Möglichkeit, seinen Beitrag zu leisten, um eine Gesellschaft zu gestalten, die auf den Prinzipien der Solidarität, des Respekts und der Unterstützung basiert. Dies erfordert nicht nur Empathie und Engagement, sondern auch die Bereitschaft, aktiv in das Wohl anderer zu investieren. Auf diese Weise wird Wohlstand zu einem gemeinschaftlichen Unterfangen, bei dem das Wohl des Einzelnen untrennbar mit dem Wohl der Gemeinschaft verbunden ist.

Der wahre Wohlstand lässt sich daher nicht allein in materiellen Besitztümern oder finanziellen Erfolgen messen. Es geht auch und gerade darum, was man gibt und wie man mit anderen in Beziehung tritt. Die wahre Bedeutung von Wohlstand wird in der Tiefe der Beziehungen, in der Echtheit des Austauschs und im gegenseitigen Respekt erkennbar.

Wohlstand in diesem Sinne ist ein Zustand, der in der Qualität der zwischenmenschlichen Verbindungen, im Aufbau von Vertrauen und in der Fähigkeit, authentische Beziehungen zu führen, zum Ausdruck kommt.

In einer solchen Gesellschaft zeigt sich Wohlstand als ein Gemeinschaftsgut, das allen zugutekommt und das gleichzeitig individuelle Erfüllung und kollektive Stärke fördert.

Es liegt an uns, die Bedeutung dieser zwischenmenschlichen Beziehungen zu erkennen, zu schätzen und aktiv zu pflegen. Jeder Einzelne kann dazu beitragen, dass soziale Bindungen nicht nur als notwendiges Übel, sondern als wertvolle Ressourcen verstanden werden, die das Leben bereichern und das Wohl der Gesellschaft vergrößern. In einer Welt, die immer komplexer und herausfordernder wird, bietet die Pflege von Beziehungen eine stabile Grundlage, auf der sowohl das persönliche Glück als auch das gesellschaftliche Wohl gedeihen können.

Wohlstand im wahrsten Sinne des Wortes entsteht in dem Moment, in dem wir erkennen, dass wahre Erfüllung nicht nur in materiellen Dingen zu finden ist, sondern in den Verbindungen, die wir mit anderen aufbauen.

Kapitel 8

DAS GESETZ DER ANZIEHUNG: WIE MAN SEIN PERSÖNLICHES WOHLSTANDSZIEL ERREICHT

Einleitung:

Das Gesetz der Anziehung ist ein faszinierendes und weit verbreitetes Konzept, das besagt, dass unsere Gedanken, Überzeugungen und Emotionen direkte Auswirkungen auf die Realität haben, die wir erleben. Diese Theorie beruht auf der Idee, dass „Ähnliches Ähnliches anzieht“, was bedeutet, dass unsere inneren Gedanken und Überzeugungen die äußeren Umstände und Erlebnisse in unserem Leben bedingen. Das Gesetz der Anziehung wird oft als ein Schlüssel zu persönlichem Wachstum, Erfolg und Wohlstand betrachtet und hat Millionen von Menschen auf der ganzen Welt dazu inspiriert, es als Werkzeug zur Verbesserung ihres Lebens zu nutzen. In diesem Kapitel untersuchen wir, wie das Gesetz der Anziehung funktioniert und wie Sie es gezielt einsetzen können, um Ihre persönlichen Wohlstandsziele zu erreichen. Die Macht der positiven Gedanken, das Setzen klarer Ziele, die Praxis der Dankbarkeit und die

Visualisierung von Erfolg sind entscheidende Elemente, die Ihnen helfen, das Gesetz der Anziehung effektiv zu verwenden.

Die Grundlagen des Gesetzes der Anziehung:
Das Gesetz der Anziehung basiert auf einem simplen, aber äußerst kraftvollen Prinzip: „Ähnliches zieht Ähnliches an". Dies bedeutet, dass die Energien, die wir in die Welt aussenden – durch unsere Gedanken, Überzeugungen und Emotionen – mit den Energien in Resonanz treten, die wir in unser Leben ziehen. Wenn unsere Gedanken von Positivität, Vertrauen und Wohlwollen geprägt sind, sind wir empfänglicher für positive Erlebnisse, Erfolg und Wohlstand. Umgekehrt, wenn wir uns mit negativen Gedanken, Ängsten und Zweifeln beschäftigen, neigen wir dazu, diese negativen Energien zurückzuerhalten.

Um das Gesetz der Anziehung in vollem Umfang zu verstehen, müssen wir erkennen, dass Gedanken nicht nur flüchtige, momentane Eindrücke sind. Sie besitzen eine energetische Schwingung, die die Art von Erfahrungen anzieht, die wir machen. Die Art und Weise, wie wir denken, beeinflusst somit unser emotionales, geistiges und physisches Wohlbefinden. Wenn wir uns darauf konzentrieren, was wir erreichen wollen – anstatt auf das, was wir vermeiden möchten –, schaffen wir einen positiven Zyklus, der uns unserer Vision näherbringt.

Positive Gedanken als Grundlage:
Positives Denken ist der erste und wichtigste Schritt auf dem Weg zur Manifestation von Wohlstand und Erfolg. Dies bedeutet nicht, die Realität zu verleugnen oder Probleme zu ignorieren, sondern vielmehr, eine optimistische, lösungsorientierte Haltung einzunehmen. Das Praktizieren von positivem Denken ist nicht nur eine Philosophie, sondern eine Lebensweise, die konkrete Auswirkungen auf unser Wohlbefinden hat. Studien haben gezeigt, dass Menschen, die eine positive Denkweise aufweisen, ein höheres Maß an Lebenszufriedenheit, Stressmanagement und sogar eine höhere Lebenserwartung haben. Um eine positive Denkweise zu fördern, ist es entscheidend, den Fokus darauf zu lenken, was gut läuft, statt auf das, was fehlt. Eine kraftvolle Methode, um Positivität zu kultivieren, ist Dankbarkeit. Indem wir die Dinge wertschätzen, die wir bereits besitzen – sei es ein gutes Gespräch, Gesundheit oder ein erfolgreicher Tag – setzen wir Energie frei, die Wohlstand und Fülle in unser Leben zieht.

Klare Ziele setzen:
Das Setzen klarer, spezifischer und messbarer Ziele ist ein entscheidender Schritt im Prozess der Anziehung von Wohlstand. Ein Ziel ist mehr als ein vager Wunsch oder ein Traum – es ist eine konkrete Vision dessen, was wir im Leben erreichen möchten. Ein Ziel zu definieren ist der erste Schritt, um es zu verwirklichen und um effektiv zu sein, sollte es die Kriterien von SMART erfüllen: spezifisch, messbar, erreichbar, relevant und zeitgebunden.

Ein Beispiel für ein solches SMART-Ziel könnte sein: „Ich möchte innerhalb der nächsten sechs Monate einen monatlichen Gewinn von 9.000 Euro aus meinem Geschäft erzielen.“ Dieses Ziel ist klar, messbar und konkret, was es uns ermöglicht, unsere Fortschritte zu verfolgen und motiviert zu bleiben. Es ist ebenfalls hilfreich, Ziele schriftlich festzuhalten. Das Festhalten von Zielen hat einen starken psychologischen Effekt – es stärkt das Engagement und fördert eine höhere Verantwortlichkeit. Zusätzlich sollten Sie regelmäßig Ihre Ziele überprüfen und anpassen, um sicherzustellen, dass Sie auf dem richtigen Weg sind und bei Bedarf Kurskorrekturen vornehmen können.

Visionstafeln als Visualisierungswerkzeug:
Eine der mächtigsten Techniken, um das Gesetz der Anziehung zu nutzen, ist die Visualisierung durch Visionstafeln. Eine Visionstafel enthält Bilder, Worte, Zitate und Symbole, die die Ziele und Träume des Individuums repräsentieren. Indem wir diese Visionen vor uns sehen, verankern wir unsere Ziele tiefer in unserem Unterbewusstsein. Der Prozess, eine Visionstafel zu erstellen, ist nicht nur kreativ und inspirierend, sondern dient auch als ständige Erinnerung daran, was wir erreichen möchten. Um eine Visionstafel zu erstellen, benötigen Sie Materialien wie eine große Tafel, Zeitschriften, Scheren, Kleber und Marker. Beginnen Sie damit, Bilder und Worte zu sammeln, die Ihre Ziele repräsentieren, und ordnen Sie sie auf der Tafel an. Achten Sie darauf, dass die Tafel an einem gut sichtbaren Ort platziert wird,

damit Sie sie täglich sehen. Diese visuelle Erinnerung wird Ihre Gedanken immer wieder auf das lenken, was Sie erreichen möchten, und Ihre Intentionen weiter verstärken.

Dankbarkeit als tägliche Praxis:
Dankbarkeit ist ein weiterer fundamentaler Bestandteil des Gesetzes der Anziehung. Sie verändert den Fokus von Mangel auf Fülle und öffnet die Tür für mehr Positivität und Wohlstand. Durch regelmäßige Dankbarkeit ziehen wir automatisch mehr positive Erfahrungen an. Eine kraftvolle Methode, Dankbarkeit zu üben, ist das Führen eines Dankbarkeitstagebuchs. Nehmen Sie sich täglich ein paar Minuten Zeit, um drei Dinge aufzuschreiben, für die Sie dankbar sind – es können sowohl große als auch kleine Dinge sein. Diese Praxis verschiebt den Fokus und hilft uns, mehr davon zu sehen, was wir bereits haben, anstatt davon, was wir noch nicht erreicht haben. Dankbarkeit verstärkt das Gefühl der Fülle und öffnet energetische Kanäle, durch die mehr Wohlstand in Ihr Leben kommen kann.

Affirmationen zur Stärkung positiver Gedanken:
Affirmationen sind eine der wirkungsvollsten Methoden, um unser Unterbewusstsein umzuprogrammieren und positive Gedanken zu mehren. Sie bestehen aus einfachen, positiven Aussagen, die unsere Überzeugungen und Realität beeinflussen. Die richtige Anwendung von Affirmationen ist von entscheidender Bedeutung, um das Gesetz der Anziehung effektiv zu nutzen. Eine Af-

firmation sollte im Präsens formuliert sein, als ob das gewünschte Ziel bereits erreicht wäre. Hier einige Beispiele für Affirmationen im Kontext des Wohlstands:

- „Ich ziehe Wohlstand und Fülle in mein Leben."
- „Ich bin erfolgreich in allem, was ich tue."
- „Ich bin dankbar für die Fülle, die mich umgibt."

Wiederholen Sie Ihre Affirmationen täglich, vorzugsweise morgens oder abends, um ihre Wirkung zu verstärken. Je mehr Sie diese positiven Gedanken in Ihrem Leben kultivieren, desto mehr werden sie in Ihrer Realität manifestiert.

Fokussierung und Handeln:
Das Gesetz der Anziehung allein reicht nicht aus, um an Ihre Ziele zu gelangen. Es ist ebenso wichtig, aktiv auf diese hinzuarbeiten. Positive Gedanken müssen durch konkrete Handlungen unterstützt werden. Erstellen Sie einen detaillierten Aktionsplan, der die Schritte beschreibt, die notwendig sind, um Ihre Ziele zu erreichen. Achten Sie darauf, sowohl kurzfristige als auch langfristige Maßnahmen zu berücksichtigen. Überwachen Sie regelmäßig Ihren Fortschritt und seien Sie bereit, Anpassungen vorzunehmen, wenn nötig. Nehmen Sie zudem die Chancen, die Ihnen auf Ihrem Weg begegnen, denn das Gesetz der Anziehung arbeitet oft durch die Präsentation von Möglichkeiten, die zu nutzen sind.

Umgang mit Rückschlägen:
Rückschläge sind ein unvermeidlicher Teil des Erfolgsprozesses. Jeder wird auf Hindernisse stoßen, aber es ist wichtig, diese als Lernmöglichkeiten zu betrachten und nicht als endgültige Misserfolge. Wenn Sie Schwierigkeiten begegnen, nehmen Sie sich Zeit, um zu reflektieren und zu verstehen, was Sie aus der Situation lernen können. Seien Sie bereit, neue Lösungen zu finden und fokussieren Sie sich darauf, wie Sie die Herausforderung meistern können. Rückschläge bieten wertvolle Lektionen, die Ihnen helfen, stärker und besser vorbereitet voranzuschreiten.

Folgerung:
Das Gesetz der Anziehung ist ein mächtiges Werkzeug, das uns dabei hilft, unseren Wohlstand zu manifestieren. Indem Sie positive Gedanken pflegen, klare Ziele setzen, Dankbarkeit üben und aktiv auf Ihre Ziele hinarbeiten, können Sie das Gesetz der Anziehung in Ihrem Leben umsetzen. Denken Sie daran, dass Ihre Gedanken und Überzeugungen eine direkte Auswirkung auf Ihre Realität haben. Wenn Sie bewusst handeln und eine positive Haltung aufrechterhalten, werden Sie die Fülle und den Wohlstand manifestieren, den Sie sich wünschen. Es liegt an Ihnen, Ihre Realität zu gestalten und den Erfolg und Wohlstand zu erreichen, den Sie verdienen.

SCHLUSSWORT

In einer Welt, die zunehmend von materialistischem Streben und wirtschaftlichem Erfolg geprägt ist, stellt sich eine fundamentale Frage: Was bedeutet „Wohlstand“ wirklich? Diese Frage geht weit über die bloße Summe von Geld und materiellen Gütern hinaus. Wir leben in einer Gesellschaft, die den Wert von Wohlstand fast ausschließlich an finanziellen Parametern misst. Es gibt jedoch einen weitreichenderen, komplexeren Begriff des Wohlstands, der nicht nur unseren materiellen Besitz umfasst, sondern auch das, was uns als Individuen ausmacht und das Wohl unserer Gesellschaft sowie unseres Planeten betrifft.

Wohlstand ist ein facettenreiches Konzept, das nicht einfach in einem einzigen Wert oder einer Zahl resümiert werden kann. Er ist ein Zustand des ganzheitlichen Wohlbefindens, der auf einem ausgewogenen Zusammenspiel von finanziellen, sozialen, gesundheitlichen, bildungs- und umweltbewussten Aspekten beruht. Im Verlauf dieses Buches haben wir uns intensiv mit den verschiedenen Facetten des Wohlstands auseinandergesetzt und sind zu dem Schluss gekommen, dass echter Wohlstand mehr ist als ein wirtschaftliches Gut – er ist das Resultat einer ganzheitlichen Betrachtung des Lebens, das die vielfältigen Dimensionen unseres Daseins mit einbezieht.

Die Mehrdimensionalität des Wohlstands:
Wohlstand ist kein eindimensionales Konzept, das sich nur an materiellen Errungenschaften und finanziellen Erfolgen misst. Vielmehr handelt es sich um ein komplexes, miteinander verflochtenes System, das sowohl greifbare als auch immaterielle Elemente einschließt. Geld, Immobilien und weitere Besitztümer bieten Sicherheit und Komfort – sie sind zweifellos Teil des Wohlstands, doch der wahre Reichtum ergibt sich aus dem Einklang und der Balance all dieser unterschiedlichen Dimensionen. Dieser ganzheitliche Wohlstand umfasst nicht nur unseren materiellen Besitz, sondern auch die Qualität unserer zwischenmenschlichen Beziehungen, den Zustand unserer Gesundheit, das Maß an Bildung, das wir erhalten haben, und nicht zuletzt unsere Verantwortung gegenüber der Umwelt und der Gesellschaft, in der wir leben.

Es ist leicht, Wohlstand mit Besitz zu assoziieren. Doch wer den materiellen Wohlstand als einzigen Maßstab anlegt, übersieht leicht die vielen anderen Aspekte des Lebens, die für wahre Erfüllung und Glück entscheidend sind. Tatsächlich ist es die Kombination dieser verschiedenen Wohlstandselemente, die den Unterschied zwischen bloßem Überleben und einem erfüllten Leben ausmacht. Ein Leben im Überfluss, das nur aus materiellen Gütern besteht, ist wie ein Haus ohne Fundament – es mag äußerlich beeindruckend erscheinen, aber es fehlt an der Tiefe und Stabilität, die für ein wirklich erfülltes Leben notwendig sind.

Der Einfluss von zwischenmenschlichen Beziehungen:

Eine der wichtigsten Dimensionen von Wohlstand, die wir in diesem Buch betrachtet haben, sind zwischenmenschliche Beziehungen. In einer Welt, in der digitale Kommunikation zunehmend den persönlichen Kontakt ersetzt, verlieren wir oft den Blick für die Bedeutung echter menschlicher Verbindungen. Wohlstand sollte nicht nur anhand von Geld und Besitz gemessen werden, sondern auch durch die Qualität der Beziehungen, die wir pflegen. Freundschaft, Familie, Partnerschaften und die Zugehörigkeit zu einer Gemeinschaft sind von unschätzbarem Wert. Es sind die Menschen um uns herum, die unser Leben bereichern, uns unterstützen, in schwierigen Zeiten eine Stütze bieten und uns helfen, über uns hinauszuwachsen.

In der modernen Welt, die von Technologie und schnelllebigen Lebensweisen dominiert wird, ist es umso wichtiger, sich der Bedeutung dieser Beziehungen bewusst zu werden. Es sind die Momente der Verbindung – das Gespräch mit einem Freund, die Umarmung eines geliebten Menschen, die Unterstützung eines Familienmitglieds –, die wahre Erfüllung und Glück bringen. Diese Verbindungen versorgen uns nicht nur mit emotionaler Unterstützung, sondern fördern auch unsere persönliche Entwicklung und unser Wachstum. Sie helfen uns, in schwierigen Zeiten stark zu bleiben, und erscheinen uns als Quelle der Freude und Inspiration.

In einer Gesellschaft, die oft den Wert der Gemeinschaft zugunsten individueller Ambitionen und materieller Ziele vernachlässigt, müssen wir uns wieder stärker darauf besinnen, dass wahre Erfüllung nicht nur im Besitz von Dingen liegt, sondern in der Qualität der Beziehungen, die wir zu anderen Menschen erhalten.

Bildung als Schlüssel zu Wohlstand:
Ein weiteres zentrales Thema in diesem Buch ist die Rolle der Bildung im Zusammenhang mit Wohlstand. Bildung ist nicht nur der Schlüssel zu wirtschaftlichem Erfolg, sondern auch zu persönlicher Entfaltung und sozialer Mobilität. In einer Welt, die sich ständig verändert und weiterentwickelt, ist Bildung unerlässlich, um den Herausforderungen der Gegenwart und Zukunft zu begegnen. Sie befähigt uns, Entscheidungen zu treffen, Chancen zu erkennen und unser Leben aktiv zu gestalten.

Ein gut gebildeter Mensch ist in der Lage, über den Tellerrand hinauszuschauen, kritisch zu denken und innovative Lösungen zu finden. Bildung ermöglicht es uns, unser volles Potenzial auszuschöpfen. Der Zugang zu Bildung, sei es durch formelle Institutionen oder informelles Lernen, öffnet Türen zu neuen Gelegenheiten und hilft uns, ein erfülltes Leben zu führen. Sie ist nicht nur ein Mittel zur Verbesserung der eigenen Lebensqualität, sondern auch ein wichtiger Faktor, der die Chancen der gesamten Gesellschaft verbessert.

In einer Welt, die von immer komplexeren Herausforderungen geprägt ist, wird die Bedeutung von Bildung für den individuellen und gesellschaftlichen Wohlstand immer größer.

Gesundheit als unersetzlicher Wohlstandsparameter: Wohlstand kann niemals vollständig verstanden werden, ohne die Bedeutung von Gesundheit zu berücksichtigen. Gesundheit ist das größte Gut, das wir besitzen, und ohne sie verlieren alle anderen Formen von Wohlstand an Bedeutung. In einer Gesellschaft, die oft von Leistungsdruck und dem Streben nach mehr Erfolg getrieben wird, geraten Gesundheit und Wohlbefinden in den Hintergrund. Wir neigen dazu, das Wohl unseres Körpers und unseres Geistes zugunsten von materiellen Zielen und beruflichem Erfolg zu vernachlässigen. Doch ohne Gesundheit ist kein Wohlstand möglich. Die wahre Bedeutung von Wohlstand lässt sich erst dann vollständig erfassen, wenn wir erkennen, dass Gesundheit nicht nur die Abwesenheit von Krankheit bedeutet, sondern einen Zustand des ganzheitlichen Wohlbefindens umfasst. Körperliche, geistige und emotionale Gesundheit sind untrennbar miteinander verbunden und bilden das Fundament für ein erfülltes Leben.

Gesundheit ist der Motor, der es uns erlaubt, unsere Ziele zu erreichen, Beziehungen zu pflegen und ein aktives, bewusstes Leben zu führen. Sie sollte nicht nur als äußere Abwesenheit von Krankheit verstanden werden, sondern als ein innerer Zustand des Gleichgewichts, der Harmonie und des Wohlbefindens.

Verantwortung gegenüber der Umwelt – Nachhaltigkeit als Wohlstandsmaßstab:
Ein weiterer entscheidender Aspekt des Wohlstands, den wir nicht außer Acht lassen dürfen, ist die Ver-

antwortung gegenüber der Umwelt. In einer Zeit, in der die ökologischen Herausforderungen der Welt immer dringlicher werden, müssen wir uns unserer Verantwortung gegenüber dem Planeten bewusst werden. Der Wohlstand, den wir heute genießen, darf nicht auf Kosten der Umwelt und zukünftiger Generationen gehen. Nachhaltigkeit ist der Schlüssel zu einem langfristig tragfähigen Wohlstand. Wir müssen unseren Umgang mit Ressourcen, Energie und Abfällen überdenken und sicherstellen, dass unser wirtschaftliches Handeln im Einklang mit den ökologischen Grenzen des Planeten steht. Denn unsere natürlichen Ressourcen sind nicht unerschöpflich, und die negativen Auswirkungen unseres heutigen Handelns werden in der Zukunft spürbar sein. Daher müssen wir unseren Lebensstil und unsere wirtschaftlichen Praktiken so gestalten, dass sie sowohl den Bedürfnissen der Gegenwart als auch denen der kommenden Generationen gerecht werden. Dies bedeutet, verantwortungsbewusst zu konsumieren, Ressourcen zu schonen, den CO_2-Ausstoß zu reduzieren und in Innovationen zu investieren, die die Umwelt schonen und gleichzeitig Wohlstand generieren.

Ein Aufruf zur Reflexion und Handlung:

Abschließend möchte ich betonen, dass dieses Buch mehr ist als nur eine theoretische Auseinandersetzung mit dem Thema „Wohlstand“. Es soll eine Einladung zur Reflexion und zum praktischen Handeln sein. Wir sind alle Teile einer größeren Gemeinschaft, und unser Wohlstand ist untrennbar mit dem Wohlstand anderer und unserer Umwelt verbunden. Es ist an der Zeit, unsere Werte und Prioritäten zu reflektieren und uns bewusst zu machen, dass Wohlstand nicht nur durch materiellen Reichtum definiert wird, sondern durch die Art und Weise, wie wir leben und miteinander umgehen. Der Weg zum Wohlstand ist eine Reise, die individuell und kollektiv gestaltet werden muss. Jeder von uns trägt Verantwortung – sowohl für das eigene Leben als auch für das Leben anderer und für den Planeten.

Wenn wir unseren Wohlstand als eine Balance zwischen materiellen und immateriellen Werten, zwischen persönlichem Erfolg und gesellschaftlicher Verantwortung verstehen, können wir zu einer besseren, nachhaltigeren Zukunft beitragen. Wohlstand ist mehr als nur ein Ziel – er ist ein kontinuierlicher Prozess des Wachstums, der Entwicklung und der Verantwortung.

Danke fürs Lesen,

Nino Castaldo

Über den Autor:

Nino Castaldo ist ein erfahrener Unternehmer sowie erfolgreicher und inspirierender Mentor, der sich durch seine außergewöhnliche Expertise und Leidenschaft in der Planung und Entwicklung von Luxuseinrichtungen einen herausragenden Namen gemacht hat. In seiner fast drei Jahrzehnte umfassenden Karriere in der Dienstleistungsbranche hat er sich auf die Gestaltung und Planung exklusiver Räume spezialisiert – von internationalen Residenzen und luxuriösen Hotels über wunderschöne Superyachten und bis hin zu privaten Flugzeugen. In jeder seiner Arbeiten kombiniert er technische Raffinesse, ästhetisches Feingefühl und einen tiefen Sinn für die Bedürfnisse seiner anspruchsvollen Kunden, um maßgeschneiderte, einzigartige Umgebungen zu schaffen, die höchsten Komfort und außergewöhnliche Ästhetik vereinen.

Was Nino Castaldo jedoch besonders auszeichnet, ist seine Fähigkeit, nicht nur auf beruflicher Ebene zu glänzen, sondern auch als Mentor vielen Menschen zu helfen, ihre eigene Definition von Wohlstand zu finden und diese zu verwirklichen. Durch seine langjährige Erfahrung und sein tiefes Verständnis für die verschiedenen Dimensionen des Wohlstands kann er Menschen begleiten, um ihre Potenziale zu entfalten und ihre Ziele zu erreichen – sei es in beruflicher Hinsicht oder auf persönlicher Ebene. Als Mentor motiviert er seine Klienten, ihre Visionen zu erkennen, ihre Blockaden zu überwinden und konkrete Schritte zu unternehmen, um ein erfülltes und erfolgreiches Leben zu führen.

In seinen Büchern und Veröffentlichungen thematisiert Nino Castaldo die verschiedenen Facetten des Wohlstands. Er betrachtet Wohlstand nicht nur als finanziellen Erfolg, sondern als einen ganzheitlichen Ansatz, der Gesundheit, Bildung, kulturelle Werte, zwischenmenschliche Beziehungen und die persönliche Entwicklung umfasst. Diese Erkenntnisse basieren auf der tiefen Überzeugung, dass wahrer Wohlstand nur dann erreicht werden kann, wenn alle Lebensbereiche im Einklang miteinander stehen.

Nino Castaldo lehrt auch seinen Klienten, dass Wohlstand mehr ist als materieller Besitz – Wohlstand ist das Resultat einer bewussten Lebensführung, die alle Aspekte des Seins berücksichtigt. Als Mentor hat Nino Castaldo vielen Menschen dabei geholfen, ihre beruflichen und persönlichen Ziele zu erreichen. Er versteht es, seine Klienten zu inspirieren und ihnen die Werkzeuge an die Hand zu geben, die sie benötigen, um ihre Träume zu verwirklichen. Dabei verfolgt er einen ganzheitlichen Ansatz, der neben beruflichem Erfolg auch den Fokus auf persönliche Entwicklung und inneres Wachstum legt. Seine Methoden sind praxisnah und individuell zugeschnitten, um den einzigartigen Bedürfnissen und Zielen jedes Klienten gerecht zu werden. So ist Nino Castaldo in der Lage, die Lebensgeschichten seiner Klienten zu transformieren. Er zeigt auf, wie unterschiedliche Lebensbereiche miteinander verbunden sind und wie man diese Verbindungen nutzt, um ein ausgewogenes, erfolgreiches und glückliches Leben zu führen. In seinen Arbeiten und Beratungen geht es nicht nur um das Erreichen äußerer Ziele, sondern auch um die Entwicklung innerer Stärke, Selbstbewusstsein und die Entfaltung des vollen Potenzials.

Durch seine fundierten Erfahrungen in der Luxuseinrichtungsbranche mit Menschen unterschiedlichster Herkunft und Abstammung und seiner umfassenden Expertise als Mentor hat Nino Castaldo eine einzigartige Perspektive auf den Zusammenhang zwischen äußerem Erfolg und innerem Wohlstand entwickelt. Er zeigt, dass wahre Erfüllung und langfristiger Erfolg nur durch eine Balance zwischen materiellen und immateriellen Aspekten des Lebens entstehen können.

Diese Veröffentlichung bildet die Grundlage
für weitere Untersuchungen und
vertiefende Analysen, die in zukünftigen
Arbeiten behandelt werden.